Dr. Sigune Barsch-Gollnau, Dr. Volker Herrmann,
Hubert Rösch und Beate Weiss

Erfolgreich lernen – kompetent handeln

Der Methodentrainer für Seminarkurs und Präsentationsprüfungen

C.C. Buchner

Erfolgreich lernen – kompetent handeln
Der Methodentrainer für Seminarkurs und Präsentationsprüfungen

Von Dr. Sigune Barsch-Gollnau, Dr. Volker Herrmann, Hubert Rösch und Beate Weiss

Dieses Werk folgt der reformierten Rechtschreibung und Zeichensetzung. Ausnahmen bilden Texte, bei denen künstlerische, philologische oder lizenzrechtliche Gründe einer Änderung entgegenstehen.

2. Auflage 3 2 1 2009 08 07
Die letzte Zahl bedeutet das Jahr dieses Druckes.

www.ccbuchner.de

Lektorat: Britta Köppen
Gestaltung: Sybilla Weidinger, Weidinger Plus Grafik Design, Fürth
Herstellung: Weidinger Plus Grafik Design, Fürth
Druck und Bindung: creo Druck & Medienservice GmbH, Bamberg

ISBN 978-3-7661-4423-2

Liebe Schülerinnen und Schüler,

in unserer Zeit der Wissensexplosion müssen Inhalte stärker gesichtet, bewertet und ausgewählt werden. Dies verlangt von Ihnen ein hohes Maß an Selbstständigkeit und Eigenverantwortung, um jeweils fach- und sachgerecht, zielgerichtet und effektiv arbeiten zu können.

Um sich diese Methodenkompetenz zu erarbeiten, benötigen Sie neben den jeweiligen fachspezifischen Techniken fächerübergreifende Kommunikationsformen und Methoden. Dies zu trainieren ist Ziel des vorliegenden Bandes: Wie lassen sich Informationen recherchieren, strukturieren, dokumentieren und darstellen? Wie können Ergebnisse von Verarbeitungsprozessen richtig interpretiert und in geeigneter Form präsentiert werden? Wie lassen sich Teamarbeit und Problembearbeitung ohne große Reibungsverluste organisieren?

Zahlreiche und vielfältige Aufgaben leiten Sie dabei auf einem handlungsorientierten Lernweg, der optimalerweise nicht allein am Schreibtisch, sondern im Team und im Austausch mit weiteren Ansprechpartnern zurückgelegt wird. Nutzen Sie die Gelegenheit zum Üben und Ausprobieren!

Im Buch wird eine von den Autoren entwickelte Organisationsform, das „Tuttlinger Modell“ beschrieben, das sich auf den einjährigen Seminarkurs zum Methodentraining in der gymnasialen Oberstufe bezieht. Die organisatorischen Hinweise im Buch zu Zeiteinteilung und Festlegungen durch die betreuenden Lehrer sind daher praxiserprobt, aber nicht zwingend: Wenn Sie andere Rahmenbedingungen an Ihrer Schule vorfinden oder Ihre Methodenkompetenz selbstständig schulen wollen, so bietet Ihnen der Band ebenfalls optimale Voraussetzungen.

Viel Spaß und Erfolg bei der Bearbeitung der folgenden Kapitel!

Autoren und Verlag

Wenn im Buch an manchen Stellen nur die männliche Form verwendet wird, so geschieht dies aus Platzgründen. Die weibliche Anrede ist selbstverständlich immer mitgemeint.

Hinweise zum Umgang mit dem Buch

Der Bleistift neben einem gelben Kasten kennzeichnet Arbeitsaufträge.

Hier finden Sie Tipps dafür, wie Sie etwas besser oder leichter lösen können.

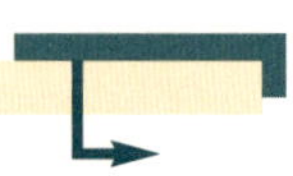

In der Checkliste werden wichtige Hinweise übersichtlich zusammengefasst.

Ein solcher Kasten mit Ausrufezeichen bietet die Definition eines wichtigen Begriffs.

Ein mit diesem Zeichen und einem M gekennzeichneter Text ist kein reiner Darstellungstext, sondern ein Material, das von Ihnen unter einer bestimmten Fragestellung bearbeitet werden soll.

1 Strategien zur Gruppen- und Themenfindung

Ziel des Seminarkurses ist es, Techniken zum hochschulnahen, selbstständigen Arbeiten zu vermitteln. Von besonderer Bedeutung ist dabei die Entwicklung der Kommunikations- und Präsentationsfähigkeit. Die angestrebte Kompetenz verbindet folgende Bereiche:

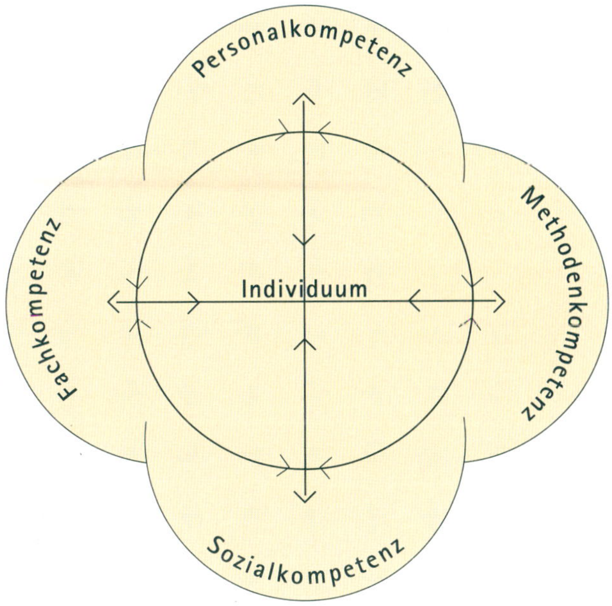

Bereits bei der Themen- und Gruppensuche werden die personale und soziale Kompetenz aktiviert und im Verlauf der Einzel- und Gruppenarbeit geschult. Dies ist eine der interessantesten und folgenschwersten Phasen im Seminarkurs, da hier sowohl die Arbeitsrichtung als auch das persönliche Arbeitsumfeld für ein Jahr festgelegt werden. Nehmen Sie sich die Zeit, hier besonders zu prüfen, inwieweit Ihre möglichen Gruppenmitglieder verlässliche, ideenreiche und intelligente Arbeitspartner sind und ob Ihr gewählter Themenbereich die Möglichkeit zu präzisen und interessanten Fragestellungen bietet.

Am Ende des Schuljahres, das dem Seminarkurs vorausgeht, wird Ihnen beim Vorbesprechungstermin vom Lehrerteam das Oberthema vorgestellt. Hierbei werden mögliche Themenkomplexe aufgezeigt. Sie sind jedoch vorwiegend als Anregung gedacht, selbstständig und kreativ eigene Fragestellungen zu entwickeln. Zu diesem Zeitpunkt werden Sie neben der Themensuche auch mögliche Partner für die Gruppenarbeit auswählen. Die folgende Skizze gibt als „Road-Map“[1] eine einfache Möglichkeit an, gleichzeitig ablaufende Prozesse in einem Zeitplan zu fixieren.

[1] Die Methode des Road-Mapping wird genauer auf S. 18 f. erklärt.

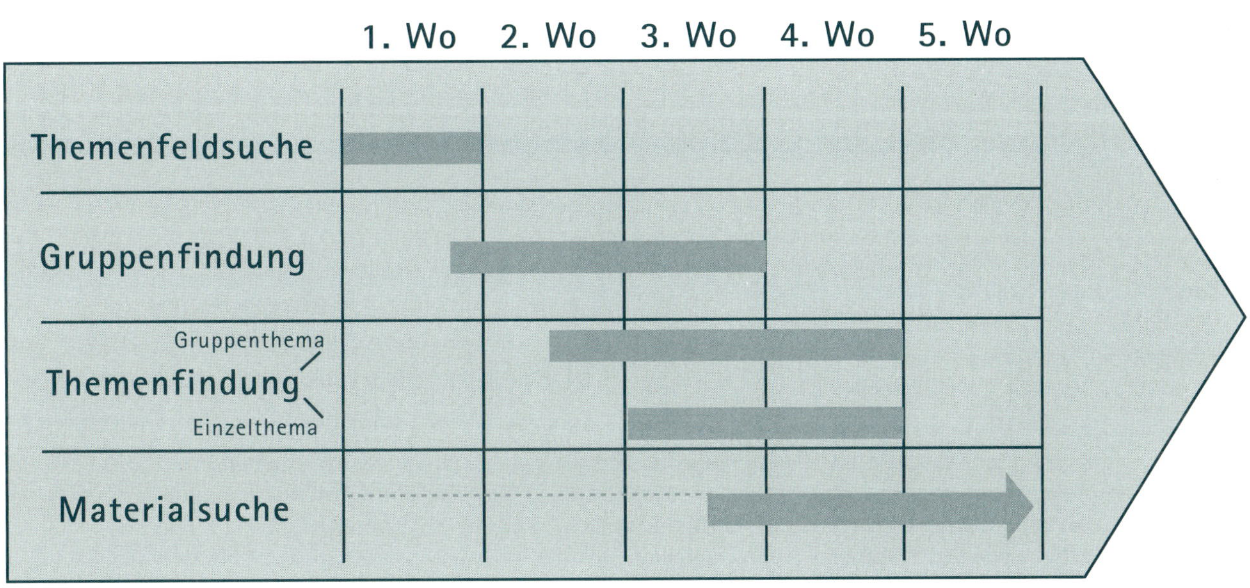

Einfache Road-Map.

1.1 Themenfelder

Wichtig für Ihre weitere Arbeit ist zunächst die Eingrenzung des Oberthemas auf einen für Sie interessanten Themenbereich. Hilfreich ist hier z.B. die Technik des Mind-Mapping, die Sie neben anderen Methoden erlernen werden. Folgende Mind-Map zum Oberthema „Spaßgesellschaft“ zeigt farblich markiert verschiedene Themenfelder.

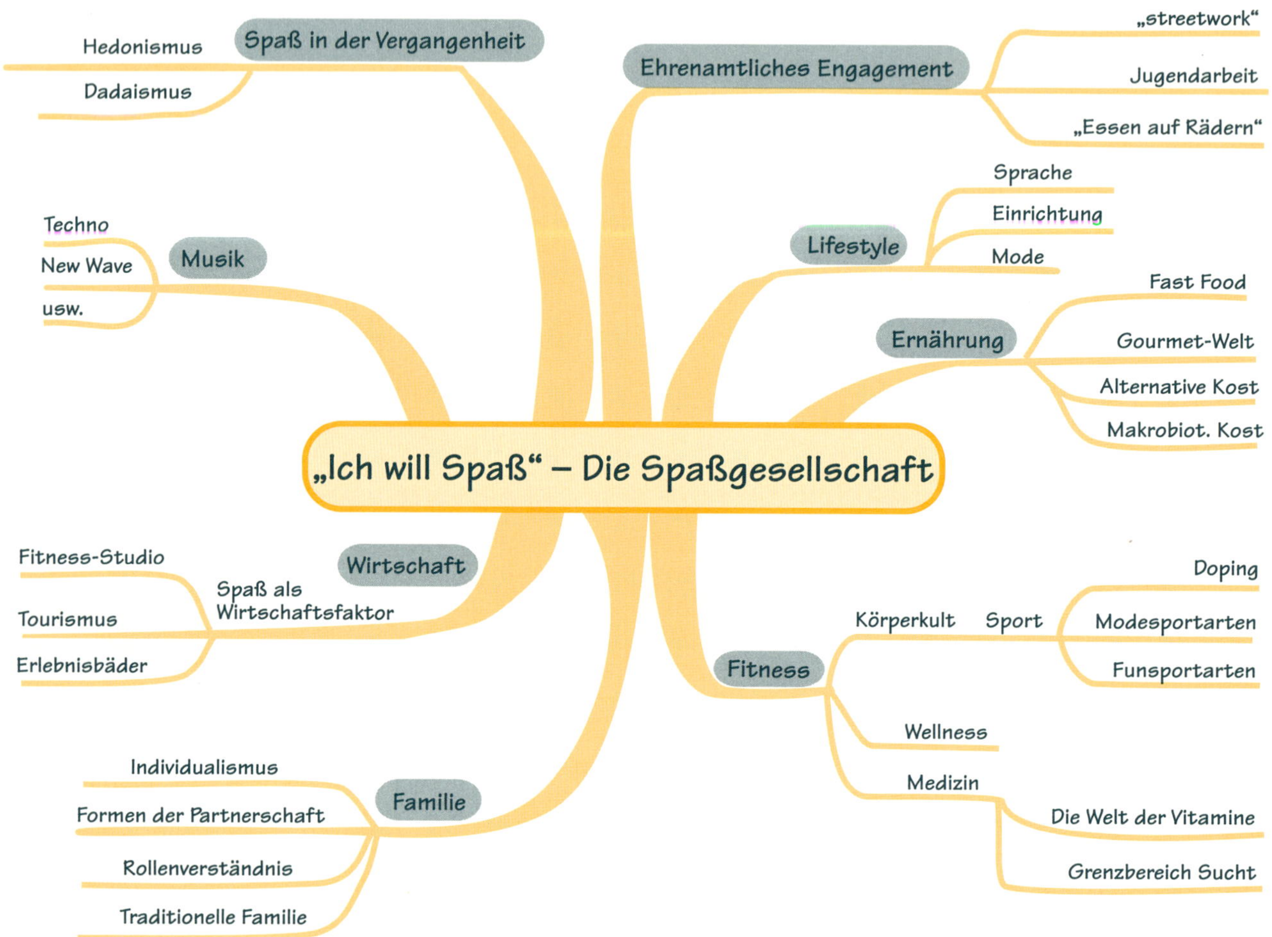

Welcher Aspekt

- erweckt am meisten Ihre Aufmerksamkeit?
- erscheint Ihnen hinreichend interessant, um untersucht zu werden?
- deckt sich möglicherweise mit Ihren Hobbys oder berührt Ihre Erfahrungsbereiche?
- scheint Ihnen durch kompetente Ansprechpartner aus dem persönlichen Umfeld oder/und durch leicht zugängliche Materialien gut erschließbar?
- berührt Ihr eigenes Hintergrundwissen?

Aus einem der Begriffe im Randbereich der Mind-Map lassen sich Einzelthemen entwickeln; die in Richtung der Kreismitte angeordneten Begriffe können Anhaltspunkte für Gruppenthemen geben. Auch die Methode des Fishbone-Diagramms kann zur Themenfeldsuche gut eingesetzt werden (siehe S. 96f.).

1.2 Personalkonzept und Gruppenfindung

Die unbequemste Art der Fortbewegung ist das In-sich-Gehen. (Karl Rahner)

Haben Sie Ihr Interessengebiet grob umrissen, so sollten Sie bereits jetzt nach Partnern suchen, die im gleichen Themenbereich arbeiten möchten. Bedenken Sie, dass diese Wahl Konsequenzen für die Effizienz und Qualität Ihrer Arbeit und auch für Ihr Wohlbefinden haben wird. Auch Sie selbst werden von Kursteilnehmern auf Eigenschaften überprüft, die die jeweilige Gruppenarbeit positiv verstärken können. Ehe Sie Ihre möglichen Arbeitspartner beurteilen, sollten Sie sich daher selbst einem Persönlichkeitstest unterziehen, um so zu einer besseren Selbsteinschätzung zu gelangen.

Kreuzen Sie in den vorgegebenen Spalten an, wie Sie sich selbst einschätzen. Addieren Sie die einzelnen Punkte und bilden Sie die Summe. Die Auswertung ist nur für Sie gedacht.

Test: Kennen Sie sich?

ja ⟶ nein

	Persönliche Strategie	4	3	2	1	0
1.	Ist Ihre Grundeinstellung gegenüber Ihrer eigenen Person positiv?					
2.	Haben Sie eine klare Zielsetzung?					
3.	Unterziehen Sie Ihre Ziele und Aktivitäten einer laufenden Selbstkontrolle?					
4.	Fördern Sie Ihre Stärken und bekämpfen Sie Ihre Schwächen systematisch?					
5.	Sehen Sie Rückschläge als eine Herausforderung an und lernen Sie aus Ihren Fehlern?					
	Effiziente Selbstorganisation					
1.	Nutzen Sie Ihre Zeit effizient?					
2.	Führen Sie regelmäßig eine selbstkritische Analyse Ihres Zeitmanagements durch?					
3.	Planen Sie Ihre Aktivitäten und setzen Sie Prioritäten?					
4.	Arbeiten Sie zielstrebig und mit Selbstdisziplin systematisch und konzentriert bis zum Abschluss einer Aufgabe?					
5.	Hinterfragen Sie von Zeit zu Zeit die Effizienz Ihrer persönlichen Arbeitstechniken?					
	Informationsverarbeitung					
1.	Wissen Sie, dass der persönliche Erfolg auch von einer gezielten Informationsaufnahme, -verarbeitung und -auswertung beeinflusst wird?					
2.	Kennen Sie effiziente Lerntechniken, und wenden Sie diese bei der Wissensaufnahme an?					
3.	Nutzen Sie die große Speicherkapazität und Leistungsfähigkeit Ihres Gehirns ausreichend?					
4.	Verlassen Sie beim Lernen eingefahrene Denkstrukturen und probieren neue Wege?					
	Positive Selbstmotivation					
1.	Ist Ihr persönliches Bedürfnis nach einer sinnvollen Betätigung stark ausgeprägt?					
2.	Haben Sie hohe Erwartungen an Ihre eigene Leistungsfähigkeit?					
3.	Begründen Sie Ihre persönliche Leistungserwartung nur auf Ihren tatsächlich vorhandenen Fähigkeiten/Fertigkeiten?					
4.	Schaffen Sie sich optimale Leistungsmotivationen durch eine entsprechende Belohnung?					
5.	Machen Sie Ihr Arbeitsverhalten nicht von äußerlichen Rahmenbedingungen abhängig, sondern motivieren sich intrinsisch, d.h. durch Begeisterung für die Aufgabe?					

Auswertung:
51 – 76 Punkte: Sie zeigen schon eine ausgeprägte Personalkompetenz, es wird Ihnen und anderen eine Freude sein, davon zu profitieren.
26 – 50 Punkte: Sie haben bereits gute Grundlagen erarbeitet, die Sie nun noch erweitern sollten.
0 - 25 Punkte: Ihre Personalkompetenz ist noch recht ausbaufähig, was bei genügend Interesse und Engagement zum Erfolg führen sollte.
Fällt die Summe recht niedrig aus, trösten Sie sich damit, dass nach abgeschlossenem Seminarkurs dieser Wert deutlich größer sein wird.

Haben Sie bisher in Ihrer Schulzeit bei der Suche nach passenden Teammitgliedern vorwiegend auf Sympathie und ähnliche Arbeitsweise geachtet, so sollten Sie mutig einmal andere Kriterien heranziehen. Nach mehreren unverbindlichen Treffen mit möglichen Gruppenpartnern können Sie schon grob abschätzen, ob folgende wünschenswerte Charakteristika im Ansatz, ausgeprägt oder vermutlich gar nicht zu erwarten sind:

- Sympathie
- Offenheit
- Kritikfähigkeit
- Verlässlichkeit, Pünktlichkeit
- Belastbarkeit
- Ausdauer
- Kreativität
- Systematische Arbeitsweise
- Intelligenz (hier: komplexe Zusammenhänge verstehen und hinterfragen können)
- Positive Erwartungshaltung
- Begeisterung für die gemeinsame Aufgabe

In dieser Orientierungsphase ist vieles noch offen: Themenfelder werden nur umrissen, Ideen stichwortartig festgehalten und mündlicher Austausch findet mit einer größeren Anzahl von Kursteilnehmern statt als letztendlich einer Gruppe angehören werden.

Tipp

Rechnen Sie damit, dass möglicherweise auch ein nicht gewünschter Partner aus organisatorischen Gründen in Ihrer Gruppe aufgenommen werden muss. Als effektive Gruppengröße hat sich eine Stärke von zwei bis vier Personen erwiesen.

1.3 Strategieplanung

Kreuzen Sie in den vorgegebenen Spalten an, ob Sie die einzelnen Sachverhalte geklärt haben (+) oder nicht (-).
Sind bis auf die Fragen 6 bis 8 nur positive Antworten gegeben worden, so betrachten Sie sich als startbereit. Ansonsten gehen Sie den noch offenen Punkten nach!

Kann ich meine Seminarkursarbeit beginnen?

		+	-
1.	Gibt es jemanden, mit dem Sie eine Gruppe bilden wollen/können?		
2.	Gibt es einen regelmäßigen Zeitpunkt für Treffen?		
3.	Ist Ihnen bekannt, was die anderen Gruppenmitglieder an diesem Thema interessiert?		
4.	Haben Sie ein einigermaßen klar umrissenes Thema?		
5.	Haben Sie Ihr Interesse an dem Thema für sich geklärt?		
6.	Haben Sie eine konkrete Fragestellung?		
7.	Wissen Sie, mit welchen Arbeitsformen Sie gerne arbeiten würden?		
8.	Haben Sie sich einen Überblick über die erforderlichen Arbeitsmittel verschafft?		
9.	Haben Sie einen (groben) Zeitplan?		
10.	Gibt es eine betreuende Lehrkraft?		
11.	Wissen Sie über die Ansprüche und die Notengebung Bescheid?		

Während der ersten Wochen arbeiten Sie in sogenannten *Basisgruppen*, die nicht mit Ihren *Themengruppen* identisch sind. Innerhalb der Basisgruppen werden verschiedene Methoden der Visualisierung, Präsentationstechnik und Rhetorik praxisnah erarbeitet. Häufig wird dabei das Erlernte anhand kurzer Reden erprobt, bei denen Sie zunächst instinktiv spüren, später mit eigener Beurteilungskompetenz erkennen werden, wer Ihnen beim Präsentieren zusagt.
Berücksichtigen Sie auch diesen Aspekt bei der Auswahl Ihrer Gruppenmitglieder, denn Sie werden sowohl bei der Zwischenpräsentation (15 Minuten pro Person) als auch bei der Endpräsentation (20 Minuten pro Person) gemeinsam als Gruppe präsentieren, beispielsweise Folien auflegen, Projektoren bereitstellen, Flipcharts und Beleuchtung betreuen, während einer der Partner spricht. Voraussetzung für einen erfolgreichen Ablauf der Präsentationen Ihrer Themen ist also auch Ihre Bereitschaft, sich mit den Themen der anderen auseinanderzusetzen und sich beim Vortrag selbst mit den Partnern zu solidarisieren.

1.4 Gruppenprozesse

Ist die Gruppe in ihrer Zusammensetzung festgelegt, hilft es, sich innerhalb des Teams über Gruppenprozesse zu informieren, da diese den Arbeitsablauf fördern oder hemmen können. Im Folgenden wird der Ansatz der „themenzentrierten Interaktion" nach Ruth Cohn kurz erläutert.

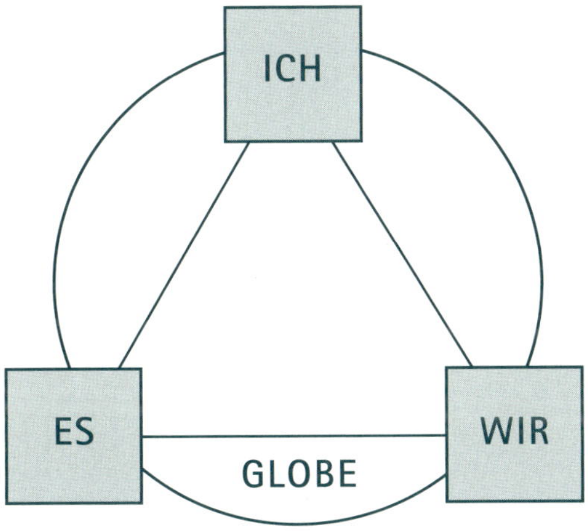

Interaktionsdreieck von Ruth Cohn.

Ein steter Informationsfluss bewegt sich von und hin zu den drei Ecken: ICH bezeichnet den persönlichen Standort mit seinen Fragen und seinem Wissen, ES den Sach-Aspekt, der Ober-, Gruppen- und Einzelthema hinterfragt, WIR den Gruppenstandpunkt und GLOBE die Bedingungen der Umwelt, in der ICH, WIR und ES agieren.

Entscheidend ist hierbei, dass Sie während Ihrer Arbeit ständig prüfen, ob dieses Gleichgewicht erhalten bleibt. Spüren Sie Abweichungen, so bringen Sie dies baldmöglichst in der Gruppe zur Sprache.

> *Wenn man seinem Nächsten einen steilen Berg hinaufhilft, kommt man selbst dem Gipfel näher.*
> *(John C. Cornelius)*

1.5 Sozialkompetenz

Die Verhaltensforschung hat gezeigt, dass der Mensch als Homo sapiens sapiens wie auch viele Tierarten zu den sozialen Lebewesen gehört: Ohne eine umgebende Gemeinschaft kann er seine Anlagen und Persönlichkeit nicht umfassend entfalten und entwickeln. Einen Teil seiner Persönlichkeit und damit Unverwechselbarkeit erhält er im Zusammenspiel, in der Auseinandersetzung und Abgrenzung innerhalb von Gruppen. Auch im Forschungs-, Wirtschafts- und Lehrbereich der heutigen Gesellschaft spielen Kompetenzen in der Teamarbeit eine zunehmende Rolle. In der Praxis werden Sie feststellen, dass Gruppenarbeit zwar zeitaufwändiger als Einzelarbeit ist, dass Sie dabei aber neue Seiten Ihrer Persönlichkeit, Ihres Themas und nicht zuletzt erhöhte Lust am Arbeiten entdecken können.

Trainieren Sie folgende Fähigkeiten:

- Verbindlichkeit der gemeinsam festgelegten Regeln
- Eindeutigkeit in Gestik, Mimik und verbalen Aussagen
- Empathie, d.h. Einfühlung in Gruppenmitglieder
- Fairness

- das Vermögen, gegenseitige Stärken und Schwächen zu erkennen und anzuerkennen
- aktives Zuhören
- das gemeinsame Thema zum eigenen Anliegen machen
- Blickkontakt suchen und halten
- angemessene Körpersprache und nichtverletzenden Sprachgebrauch, z.B. durch die Verwendung von Ich-Botschaften
- gegenseitige Unterstützung bei der Informationsbeschaffung zu den Einzelthemen
- psychische Hilfestellung in Problemphasen
- Innehalten, Standort der Gruppe und ihrer Mitglieder definieren können

Nach einer Gruppensitzung wird ein „umgekehrtes Feedback" gegeben:
Jedes Gruppenmitglied schildert die vermutete Befindlichkeit eines anderen Gruppenpartners während der abgehaltenen Sitzung.

Tipps und Regeln für erfolgreiche Gruppenarbeit:

- Nehmen Sie die Treffen ernst.
- Wählen Sie für Ihre Treffen hinreichend große Räume, die Sichtkontakt und Schreibmöglichkeit aller Mitglieder gewährleisten.
- Achten Sie auf ein ungestörtes Arbeitsklima.
- Benutzen Sie Medien wie Tafel, Flipchart, Poster, Folien.
- Ein langfristiger Zeitplan sollte unbedingt die Treffen begleiten, bei jeder Sitzung überprüft und gegebenenfalls abgeändert werden.

- Legen Sie Rollen fest:
  - Organisator von Treffen
  - Gesprächsleitung, die Beiträge koordiniert, Vielredner bremst und Zurückhaltende einbindet, die Bilanz zieht etc.
  - Protokollant
  - „Vergnügungsminister" (siehe letzter Punkt)
- Bearbeiten Sie Konflikte und Positionskämpfe frühzeitig und partnerschaftlich.
- Ziehen Sie möglichst oft Bilanz.
- Bauen Sie Entspannungsphasen ein und belohnen Sie sich für die erledigte Arbeit.

Weitere Gruppenregeln können sein:
- Zeitabsprachen werden eingehalten.
- Alle sind vorbereitet.
- Es gibt eine Tagesordnung.
- Es spricht immer nur eine Person.
- Beiträge sind möglichst straff und am Thema konzentriert.
- Faires Feedback ermöglicht Selbst- und Fremdeinschätzung.
- Kritik ist integraler Bestandteil und wird nur konstruktiv geübt.
- Kurz-, mittel- und langfristige inhaltliche und organisatorische Aufgaben werden in Zeitplänen festgelegt und überprüft.
- Die Befindlichkeit innerhalb der Gruppe wird von Zeit zu Zeit thematisiert.
- Jede vierte Sitzung kocht die Gruppe, geht ins Kino, Konzert o.ä.

1.6 Vom Themenfeld zum Einzelthema

Nach der Gruppen- und Themenfindung werden die Einzelthemen festgelegt. Hierbei bietet die Mind-Map-Methode wiederum eine gute Hilfe. Betrachten Sie noch einmal die Mind-Map auf S. 6. Zwei Strategien des Bearbeitens bieten sich an:

a) Beginnend mit den farblich abgesetzten Themenfeldern, die Grundlage für Gruppenthemen darstellen können, entwickeln Sie aus einem der Begriffe des Randbereichs ein Einzelthema.

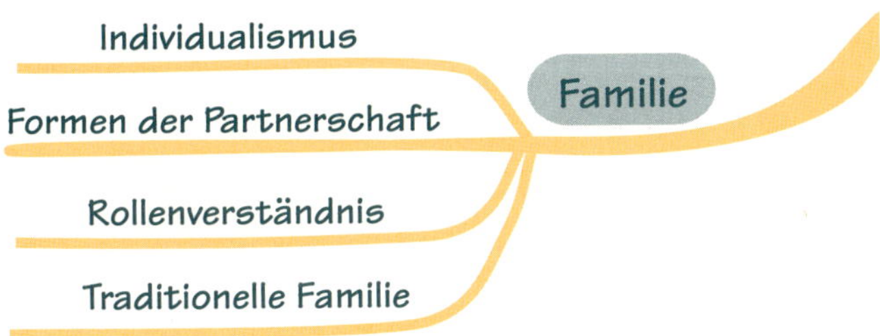

Aus den Assoziationen der Mind-Map entsteht so das Gruppenthema „Die Familie in der Spaßgesellschaft" und nach weiterer Bearbeitung leicht abweichend von der Mind-Map beispielsweise die Einzelthemen:

- Familie und Freizeitgestaltung,
- Neue Familienformen,
- Die traditionelle Familie und
- Die Vaterrolle in der Spaßgesellschaft.

b) Manche oder mancher von Ihnen hat sich aufgrund persönlicher Erfahrungen und Interessen bereits sehr früh auf ein Einzelthema festgelegt, ohne von einem übergeordneten Gruppenthema ausgegangen zu sein. In diesem Fall sollten Sie einen entsprechenden Begriff aus den unteren Ebenen der Mind-Map wählen. Die in der Hierarchie höherstehenden, nach innen im Sinne eines Kreises bzw. Ellipse angeordneten Begriffe können Anhaltspunkte für Gruppenthemen bilden. Im zweiten Beispiel führt der Begriff „Jugendarbeit" zu dem möglichen Gruppen-Themenkomplex „Das Ehrenamt in der Spaßgesellschaft" mit den Einzelthemen „Jugendbereich" und „Erwachsenen- und Seniorenbereich".

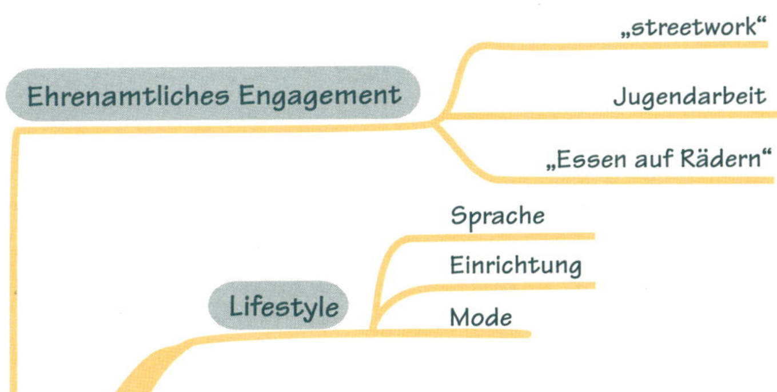

Bei Ihrer Themensuche sollten Sie folgende Kriterien beachten:

- Gibt es eine erkenntnisleitende Fragestellung (keinesfalls nur beschreibend arbeiten!)?
- Wie lässt sie sich prägnant formulieren?
- Ist das Thema auf verschiedenen Ebenen abzuhandeln?
- Birgt die Themenformulierung genügend Raum für Erweiterungsmöglichkeiten?
- Ist andererseits die Formulierung nicht zu unpräzise und zu ausufernd?
- Ist der Bezug zum Seminarkurs-Thema deutlich?
- Decken die Einzelthemen eigenständige Bereiche innerhalb des Gruppenthemas ab?
- Sind Verknüpfungen zu den Einzelthemen innerhalb einer Themengruppe erkennbar?
- Sind Vorkenntnisse, besondere Interessen, persönliche Bezüge vorhanden?
- Planen Sie Kontakte zu Vereinen, Kirchen, Parteien, Betrieben, außerschulischen Personen, und sind diese realistisch herstellbar?

Nach einer festgelegten Zeitspanne sollte Ihre Themengruppe vor dem Lehrerteam das Gruppenthema und die jeweiligen Einzelthemen selbstständig vorstellen und erläutern. Je eigenständiger Sie und Ihre Partner dabei vorgehen, umso eindrucksvoller dokumentieren Sie Ihr Interesse an dieser neuen Arbeitsweise. Durch weitere Literatursuche, Internetrecherchen, Interviews und Statistiken können sich durchaus noch bis zum Beginn des zweiten Halbjahres Veränderungen bei der Themenformulierung ergeben. Zum vereinbarten Termin ist das Thema jedoch verbindlich festgelegt. Das Lehrerteam wird Sie möglicherweise auch zum weiteren Vorgehen befragen. Setzen Sie sich daher bereits zu diesem Zeitpunkt mit der Informationsbeschaffung und der angestrebten Form der Präsentation auseinander.

Tipp

Entdecken und zeigen Sie Ihre Kreativität! Nutzen Sie dabei folgende Techniken: Interviews, Erarbeiten eines Videos, Darbieten eines Sketches, Postererstellung, Demonstration eines naturwissenschaftlichen Versuches, Power Point-Präsentation etc. Sprechen Sie andere „Eingangskanäle" Ihres Publikums an wie beispielsweise den Geruchssinn.

Wahrscheinlich werden Sie phasenweise von Frustration und Rückschlägen nicht verschont bleiben. Um Schaden zu begrenzen, schreiben Sie bereits jetzt auf, wo Sie Probleme erwarten. Liegen sie im Bereich der Gruppenarbeit, der Literatursuche, des Zeitmanagements oder im Präsentieren? Besprechen Sie dieses mit Ihrer Gruppe und mit dem Lehrerteam frühzeitig! Um sich zu motivieren, ist es wünschenswert, wenn Sie im selben Zug auch die positiven Erwartungen formulieren. Die Strategie Ihrer Seminarkursarbeit ist nun festgelegt und bildet damit ein stabiles Fachwerk.

> *Man muss das Mögliche vollbringen, um das Unmögliche zu berühren.*
> *(Simone Weil)*

1.7 Selbstmotivation

Wer an sich glaubt, ist meist auch erfolgreich. In Sport, Kunst und Wissenschaft und der als Lust empfundenen Arbeit sind Begeisterung, oft gar Besessenheit und Erfolg miteinander verquickt. Körper, Geist und Seele vereinen sich in der Selbstmotivation und beziehen daraus ihre schöpferische Kraft. „Motivation hängt zusammen mit Begeisterungsfähigkeit, mit Sinngebung, mit Visionen – und zwar aus dem Akteur selbst heraus", fasst Reinhold Messner zusammen, nachdem er seine innovativen und außergewöhnlich wagemutigen Bergbesteigungen erfolgreich überstanden hat.

Kein Mensch kann jedoch ständig hoch motiviert sein. Folgende Tipps helfen Ihnen daher bei der Selbstmotivation.

Verwenden Sie vor den Arbeitsphasen zwei Minuten darauf, sich die Gründe Ihres Handelns vor Augen zu halten:
- *Ich allein habe das Ziel gewählt.*
- *Ich will ein eigenes Werk erstellen.*
- *Ich suche neue, positiv prägende Erfahrungen.*
- *Ich habe Interesse an den Inhalten des Themas.*
- *Ich möchte meine Fähigkeiten kennenlernen, Dinge zu erkennen, zu ordnen, neue Thesen zu erstellen und zu diskutieren.*
- *Ich möchte lernen, mich einer Öffentlichkeit zu stellen.*
- *Ich will mich in eine Gruppe einbringen und auch von ihr profitieren.*

Nennen Sie weitere Gründe.

Stimmen Sie sich positiv auf eine Arbeitsphase ein, indem Sie jeweils eines der folgenden Zitate mit wenigen schriftlichen Sätzen erläutern, kritisieren oder bestätigen. Probieren Sie alternativ vor dem Spiegel eine Zweiminutenrede über diesen Spruch laut zu halten, durchaus auch einmal ironisierend oder mit Aufforderungscharakter. Spielen Sie mit Stimme, Modulation, Artikulation und bewussten Pausen!

Sind Sie nun innerlich eingestimmt, ordnen Sie unbedingt Ihr äußeres Umfeld:

- Räumen Sie den Arbeitsplatz auf und beseitigen Sie alles, was ablenken könnte.
- Orientieren Sie sich an Ihrem Zeitplan (siehe auch Kapitel Zeitmanagement, S. 16 ff.) und umreißen Sie die jeweilige Aufgabenstellung.
  Beispiel:
  - 60 min. Internetrecherche zum Themenbereich X
  - Exzerpieren des Kapitels Y aus Buch Z
  - Gliederung erarbeiten
  - Bücher per Fernleihe bei Universitätsbibliothek bestellen
  - Materialien zur Präsentation überdenken und besorgen
- Gönnen Sie sich kleine Pausen.
- Belohnen Sie sich, wenn Sie größere Arbeitseinheiten absolviert haben, z.B. mit einem gemeinsamen Pizzaessen, mit einem zwanzigminütigen Lauf oder mit Musik.
- Vermeiden Sie zu lange hoch konzentrierte geistige Arbeitsphasen. Wechseln Sie zwischendurch zu organisatorischen oder handwerklichen Aufgaben, indem Sie Öffnungszeiten von Büchereien, Copyshops recherchieren, Flipcharts, Folien oder Poster anfertigen, Druckerfarbe und Papiervorrat kontrollieren, Karteikarten schreiben.
- Orientieren Sie sich in Ihrer Arbeitseinteilung an Ihrer persönlichen biologischen Leistungskurve.

Vergleichen Sie Ihre Situation mit derjenigen eines Marathonläufers, der sich erstmals an die Distanz von 42,2 km heranwagt. Machen Sie sich klar, dass Sie sich die Ausrüstung und die Trainingsmethoden bis zum Start des großen Abenteuers (hier Präsentation, Dokumentation, Kolloquium) bereits in den vielen absolvierten Schuljahren angeeignet haben:

- Lesen und Verstehen von Inhalten
- Rechnen, Vergleichen, Statistiken Erstellen und Interpretieren
- Fakten Wiedergeben, diese miteinander Vergleichen, Bewerten
- Ideen Entwickeln, Probleme Verbalisieren und Lösen, Thesen Erstellen, Diskutieren

Dieser Erfolg ist Ausdruck Ihrer Anstrengungen, der Schulung Ihrer angeborenen Fähigkeiten und keineswegs Zufall. Seien Sie durchaus stolz auf sich!

So wie der Marathondebütant werden auch Sie auf Ihrem Weg zum Ziel verschiedene seelische Prozesse durchleben. Nutzen Sie die folgenden Tipps zur Problemlösung.

Psychischer Prozess	Situationserlebnis	Problemlösung
1) Omnipotenzgefühl	„Das läuft ja wunderbar, ich schaffe das locker, kann mich zurücklehnen, habe noch genügend Zeit."	Realistischen Zeitplan erstellen, eigenes Tempo entwickeln
2) Narzisstische Kränkung	„Ich bin frustriert, die anderen sind schon weiter, helfen sich untereinander, ich hab' immer Pech mit den Öffnungszeiten der Bibliothek, der PC war abgestürzt, dann war ich noch erkältet."	Nicht fremdbestimmt arbeiten, Selbstkritik üben, besser organisieren, Fehler analysieren, aktiv mit der Gruppe arbeiten
3) Kompensationsmechanismen		Rationale Auseinandersetzung
a) Aufgabe	„Ich schaffe es nicht, bin zu schwach möchte aufgeben, sehe keinen Sinn in der Schinderei, ich vermisse den roten Faden."	„Es war meine freie Entscheidung"
Bedürfnis nach Tröstung	„Bis zum Gruppentreffen mach' ich noch weiter, hoffentlich bauen die anderen mich auf oder helfen mir."	Sich etwas gönnen, sich sagen: „Ich habe schon ganz andere Dinge geschafft."
b) Verleugnung und Idealisierung	„Die anderen sind Streber, ich werde nur noch nach dem Lustprinzip arbeiten, im Vergleich zu gleichaltrigen Fließbandarbeitern bin ich richtig gut."	Zeitplan und Arbeitshaltung kritisch überprüfen, Kontakt zur Gruppe intensivieren, Motivationsübungen machen.
c) Angleichung an die Realität	„Meine Kollegen sind schon beim Zusammenschreiben, bereiten bereits ihre Präsentation vor. Ich habe erst Kapitel X und Y fertig, kann aber durchaus noch aufholen."	Kräfte mobilisieren, nicht aufgeben, kämpfen, aber Kräfte dabei klug einteilen
d) Verinnerlichung	„Wenn ich in den kommenden Wochen disziplinierter arbeite, werde ich mein Ziel noch mit Anstand erreichen."	„Mir ist klar, dass bei dieser Arbeit eine Krise kommen würde. Ich bestehe sie."
4) Narzisstisches Gleichgewicht	„Es läuft nicht so gut wie angenommen, aber es ist mein erstes 'Werk'; später werde ich die Erfahrung nicht missen wollen."	Kein wirkliches Problem
5) Training der ICH-Stärke, Erhöhung des Selbstwertgefühls	„Ich habe das selbst gewählte Ziel erreicht trotz kurzzeitiger Probleme, ich bin erfolgreich; ich bin zufrieden, meine Gruppe und die Leser/Zuhörer auch."	„Welches wird meine nächste Herausforderung sein?"

In Anlehnung an das Tiefenpsychologische Wettkampfprofil von Werner Sonntag, Mehr als Marathon, Aachen 1985, S.74 ff.

Tipp

Lassen Sie sich nicht zu sehr von der Größe der jeweiligen Aufgabe beeindrucken. Ist ein realistischer Zeitplan verinnerlicht, so gilt es – wie der Langstreckenläufer seine Verpflegungsstationen alle fünf Kilometer –, die Nahziele zu erreichen und dadurch positive Verstärkung zu erfahren.

1.8 Alles klar?

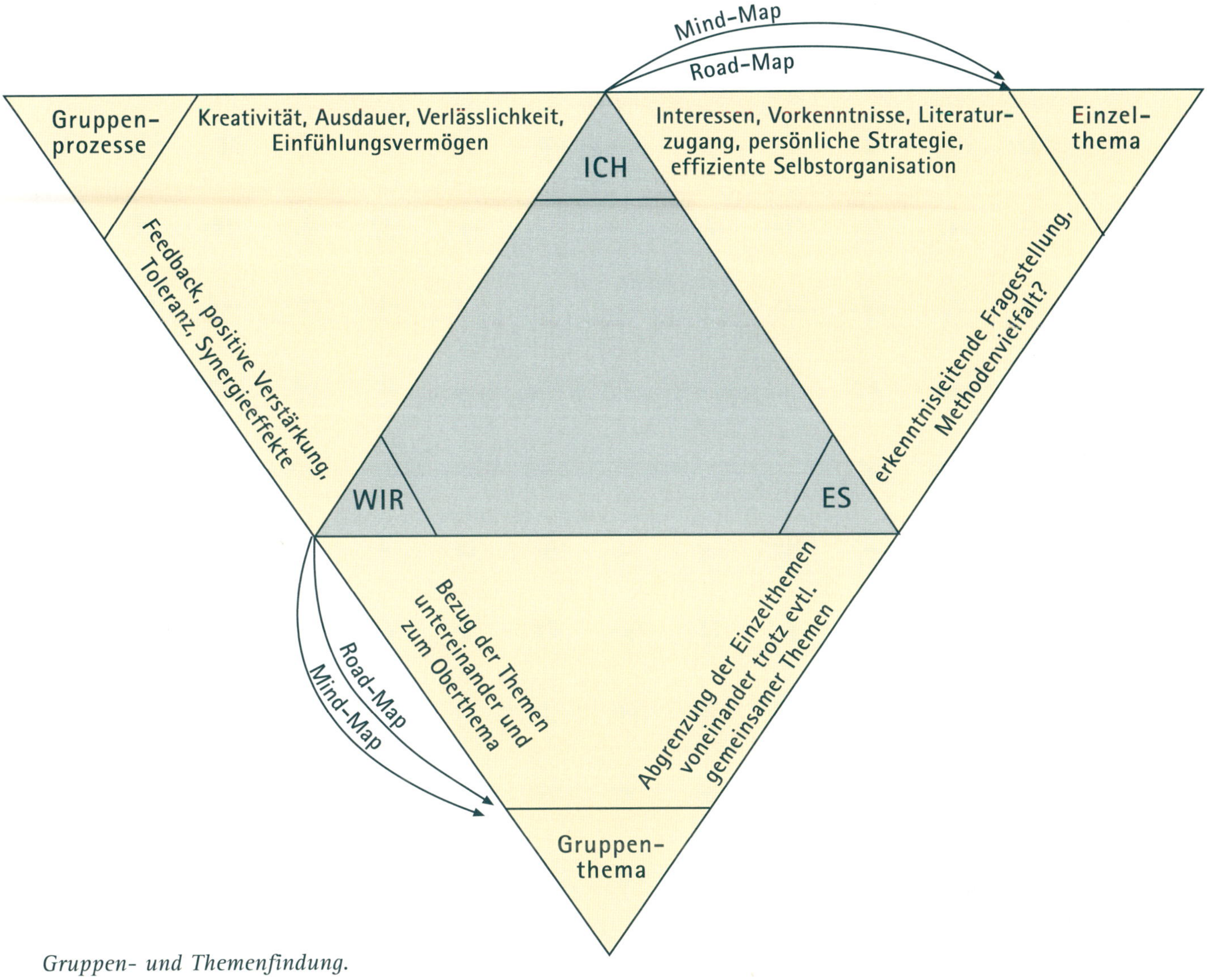

Gruppen- und Themenfindung.

Selbstmotivation.

Einen Lernanreiz, der durch die Erwartung nachfolgender Belohnung bewirkt wird, bezeichnet man als „extrinsische Motivation". Das Interesse des Lernenden liegt dabei weniger im Inhalt als in der Belohnung, die in materieller Art oder in Form von sozialer Anerkennung bestehen kann.

Die „intrinsische Motivation" besteht aus Interesse an der Sache selbst, z. B. an einem bestimmten Fach oder Lerninhalt. Ihr wird ein qualitativ höherer, da tiefer gehender und lang andauernder Lernerfolg zugeschrieben. Sinnvoll ist es aber, auch extrinsische Anreize zur Motivationsverstärkung zu nutzen.

2 Zeitmanagement

2.1 Tipps und Tricks

Zeitmanagement bedeutet einen effektiven Umgang mit der Zeit unter Zuhilfenahme von Zeitplan- und Arbeitstechniken. Wer frühzeitig gelernt hat, strukturiert bezüglich Zeitvorgaben und Aufgabenstellung vorzugehen, profitiert davon sein gesamtes Leben lang.

Voraussetzungen für gutes Zeitmanagement sind:

- realistische Selbsteinschätzung
- hohes Maß an Selbstdisziplin
- Erkennen des eigenen Arbeitsstils
- Wissen um den persönlichen Biorhythmus, der Tagesleistungskurve

Einige Regeln sind bei jeder Art der Zeitplanung zu beachten:
1) Alles wird schriftlich fixiert.
2) Prioritäten werden baldmöglichst gesetzt.
3) Das Pareto-Prinzip wird angewendet.

Zu 1) Das schriftliche Festhalten von Daten, Zielen, Ideen, Aufgaben, Fragen kann zunächst spontan auf Karteikarten oder Zetteln erfolgen, strukturierte Pläne bedürfen dann der Organisation in unterschiedlichen Einheiten, bei denen die Zeitachse entscheidend ist. Es wird immer vom groben zum feinen Zeitraster gearbeitet.

Zu 2) Die Gewichtung der Aufgaben und Zielsetzungen ist das hilfreichste Mittel des Zeitmanagements. Sie erfolgt nach folgendem Schema:

A-Aufgaben	→	wichtig und eilig	→	d.h. sofort erledigen
B-Aufgaben		wichtig, nicht eilig		d.h. in Aufgabenliste eintragen und bei Gelegenheit bearbeiten
C-Aufgaben	→	unwichtig, sehr dringend	→	d.h. möglicherweise an andere delegieren
D-Aufgaben	→	unwichtig, nicht eilig	→	d.h. guten Gewissens streichen

Zu 3) Der italienische Volkswissenschaftler *Vilfredo Pareto* (1848 – 1923) stellte folgende These auf: In einem relativ kleinen Bruchteil der zur Verfügung stehenden Zeit kann ein Großteil der relevanten Arbeit erledigt werden, wenn man nicht an Unwichtigkeiten hängen bleibt und Perfektionismus betreibt; d.h. in 20% der verwendeten Zeit kann man 80% des Ergebnisses erreichen. Kreativitätstechniken wie Mind-Map, Brainstorming und Fishbone-Diagramm helfen, Ziele zu finden und sie in Teilziele zu zergliedern. Danach werden sie nach verschiedenen Wichtigkeitsstufen geordnet.

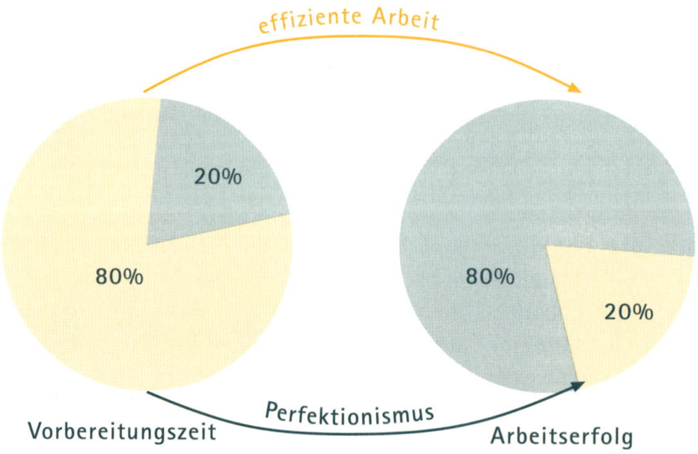

Pareto-Prinzip.

2.2 Übungen

Das berühmte Matterhorn (4478 m) bei Zermatt in der Schweiz kann auf mindestens 14 Routen bestiegen werden, wobei die Kletterwege sich stark in ihrer technischen Schwierigkeit und dem objektiven Gefahrenpotential unterscheiden. Sie sollen sich zwischen zwei Routen entscheiden – unter der Annahme, dass Ihre jahrelange Erfahrung beide Routen erlaubt.

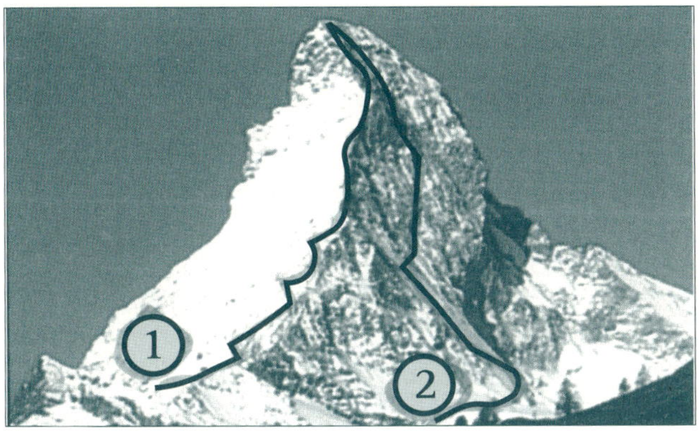

1) Hörnligrat („Normalweg"):
stark begangen, mit Nothütte auf 4000 m, einsehbar von Zermatt aus, nicht übermäßig steil, stellenweise durch Fixseile und Ketten gesichert, guter Funkkontakt zur Hubschrauberrettungsstation, nahezu überall Rückzugschancen, viele Biwakmöglichkeiten, Routenführung klar erkennbar

2) Klassische Nordwandroute („Schmid-Route"):
steil, technisch und mental sehr anspruchvoll, bei zunehmender Tageszeit Steinschlag gefährdet, schattig, also kalt, wenig Biwakmöglichkeiten, Funkkontakt schlecht, extrem wenig begangen, Routenführung im oberen Teil nicht eindeutig

Finden Sie heraus, zu welcher Route Sie tendieren, und versuchen Sie eine Begründung, wobei der Berg nur als Metapher dient.

Wagen Sie nun den Transfer und beziehen Sie sich auf Ihre prinzipielle Arbeitshaltung, indem Sie schriftlich fixieren, wie Sie sich selbst bezüglich einer Aufgabenstellung verhalten: Gehen Sie mit Wagnis, Selbstsicherheit und Neugierde an neue Inhalte und Methoden heran? Geben Sie dabei Ihrer Kreativität eine Chance? Vertrauen Sie auf die Erfahrungen aus verschiedenen Schuljahren in unterschiedlichen Fächern mit fachlichem und technischem Know-how? Oder erkennen Sie sich als nicht ganz so wagnisfreudig und verlassen sich auf die Hilfe anderer, suchen häufig in Literatur und Erzählungen anderer Menschen nach übertragbaren Erfahrungen, gehen vorwiegend bekannte Wege, sichern sich gern ab, greifen auf bewährte Techniken und Methoden zurück? Vielleicht spüren Sie in sich einen Reiz, etwas Unbekanntes zu versuchen, haben jedoch noch nicht den Mut dazu.

Denken Sie über die folgenden Thesen nach und überlegen Sie, ob diese Ihre Haltung verändern könnten:
1) Wagnis erwächst aus dem Spielen mit Möglichkeiten.
2) Hinter der großen Anzahl von waghalsigen Kinderspielen (Bäume erklettern, Mutproben, zunehmend anspruchsvolleres Skaten, Inlinerfahren) steht die unbewusste Haltung, durch Aufgabe von Sicherheiten neue Erfahrungsräume zu erschließen und diese zu Sicherheitsräumen auf höherem Niveau zu machen.
3) Der Wagende gewinnt an Selbstwert, Identität, Charakter, indem er Eigenschaften in sich entdecken lernt.
4) Ein ungeübter Redner muss das befürchtete Stottern, das Erröten, den Gedankenausfall riskieren, um eine neue Redesicherheit zu gewinnen und darin Wertschöpfung zu erleben.

Üben Sie nun Zielsetzung und Hierarchisierung an folgender Aufgabe: Sie sind Projektleiter/in für ein Jahrgangsstufenfest, das in fünf Wochen stattfinden soll. Schreiben Sie Grob-, Teil- und Nebenziele Ihres übergeordneten Zieles „Fest" auf:
- *Was soll erreicht werden?*
- *Was alles muss organisiert werden?*
- *Was ist vorrangig zu bearbeiten?*
- *Was ist zweitrangig?*
- *Was ist delegierbar?*

Tragen Sie die Arbeiten in einen Fünfwochenzeitplan ein. Schätzen Sie dabei den Zeitaufwand für die jeweiligen Arbeiten realistisch ein und bauen Sie großzügige Puffer ein. Versuchen Sie, diese Aufgabe innerhalb von 20 – 30 Minuten zu lösen, ohne dabei den folgenden Text zu lesen!

Liegt Ihre Übersicht vor, überprüfen Sie anhand des folgenden Beispiels, ob Ihre Darstellung noch verbessert werden kann.

Durch Ihre „Matterhornbesteigung" sind Sie bereits auf Berge eingestimmt, so dass Sie sich nun an der folgenden Planung einer Mont Blanc-Überschreitung orientieren können. Es steht ein Vorbereitungszeitraum von sechs Wochen zur Verfügung.

Grobziel: Besteigung des Mont Blanc (4810 m) über seine Längsausdehnung mit gesunder Rückkehr.

Feinziele: Souveränes, freudvolles Bergsteigen bei mittlerer konditioneller und mäßiger technischer Beanspruchung, positives Körpererlebnis durch vorhergehendes Training, angstfreies Naturerlebnis in außergewöhnlicher Umgebung.
Nebenziele: Materialtest für höhere Bergbesteigungen, Gewinn an Sicherheit im Wagnisfeld „Hochgebirge".

	1. Woche	2. Woche	3. Woche	4. Woche	5. Woche	6. Woche
Literatur: Einordnen der Anforderung, Abgleichen mit Ist-Zustand	●					
Partnerwahl/Ersatzpartner		●				
Aktueller Routenzustand: Blankeis, Firn, Steinschlag oder Lawinengefahr, Gletscherrückggang		●				●
Karten besorgen, Literatur kopieren			●			
Lager buchen, bestätigen			●			●
Gemeinsame Verpflegung, Ausrüstung aufteilen					●	
Ausweise, Versicherungspolice prüfen	●					
Konditionstraining	8-10 km/Tag laufen	kleine Tour	Intervall-training	Hochtour im Steileis	evtl. Lauf-Wettkampf	lange Hochtour
Techniktraining	Wadentraining (Oberschenkel)		Kletterwand (Oberarme)		Hügellauf	
Anreise organisieren				●		
Ausrüstung kontrollieren und ggf. ergänzen			●			
Wettersituation im Zielgebiet prüfen						●
Tourenplan bei Angehörigen hinterlegen						●

Ausführliche Road-Map.

Ihre schriftliche Arbeit über Ihr Spezialthema ist fertiggestellt. Sie sollen nun nach knappen vier Wochen die Inhalte attraktiv und verständlich präsentieren. Erstellen Sie dazu einen beliebig aufgebauten, jedoch realitätsnahen Zeitplan, der Auskunft über Ziele, Teilziele und unterschiedliche Aspekte Ihres Projektes gibt.

Ist die grobe Zeiteinteilung gelungen, folgt die feinere Aufgliederung in Wochen- und Tagesplanung:

1) Ziele formulieren für einen Wochenplan, der alle wesentlichen Bereiche berücksichtigt (Schule, Hobbys, Freunde, Familie, mögliche Unpässlichkeit etc.)
2) Tagesablauf planen: So frühzeitig wie möglich Aufgaben und Termine in Kalender/Tagesplaner notieren
3) Zeitlimits setzen, auf großzügig bemessene Pufferzeiten achten (täglich 1-2 Stunden)
4) Störfaktoren reduzieren bzw. stille Zeiten ohne Unterbrechung durch Besuche oder Telefon einplanen
5) Den Plan täglich überprüfen, Erledigtes abhaken, Unerledigtes auf den nächsten Tag übertragen, den Zeitplan für die nächste Woche gegebenenfalls korrigieren

Erstellen Sie den Plan für die letzte Woche vor Ihrer Präsentation. Berücksichtigen Sie die Organisation der benötigten Medien und Materialien. Bedenken Sie mögliche Pannen wie z.B. das Durchbrennen einer Birne des Tageslichtprojektors. Planen Sie die Bestätigung der Raummiete, Bestuhlung und Beheizung ein, das Erinnern des Hausmeisters an Gebäudeöffnung etc. Auch die Auswahl und Kontrolle Ihrer Kleidung sollte in der Planung berücksichtigt werden.

2.3 Alles klar?

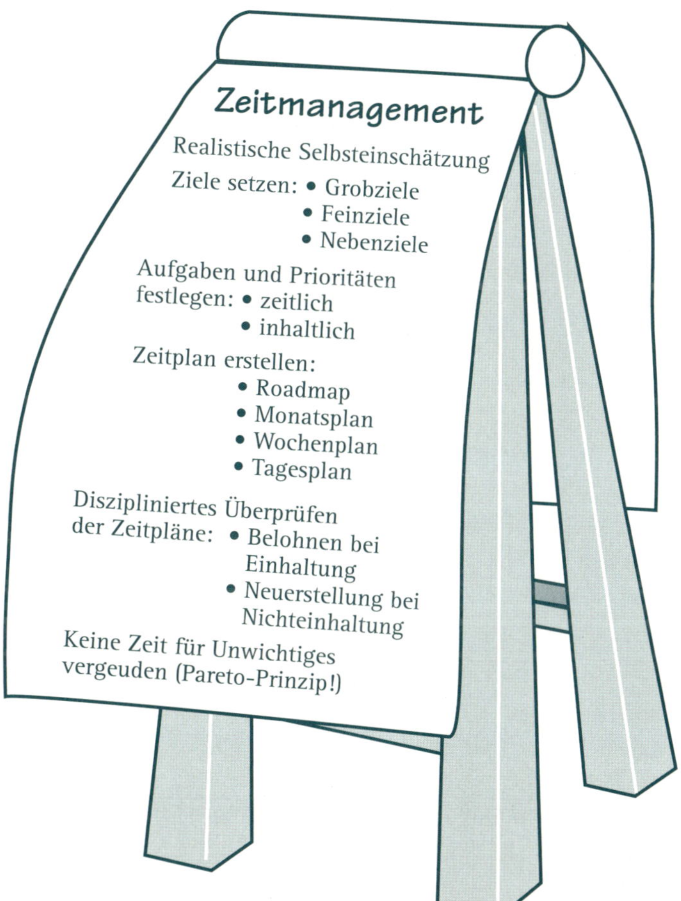

3 Recherche

Jeder, der an einem Seminar- oder Projektthema arbeitet oder eigenen Fragen nachgeht, steht irgendwann vor dem Problem einer umfangreichen Informationsbeschaffung. Die Bestände von Schul- und Stadtbibliothek sind oftmals rasch erschöpft, so ergibt sich die Notwendigkeit der Recherche im Internet, in Archiven, Museen oder Universitätsbibliotheken. Die Zahl der neu erscheinenden wissenschaftlichen Publikationen wird auf mehrere Millionen weltweit im Jahr geschätzt. Ein schneller Zugriff auf dieses Wissen ist in der heutigen Informationsgesellschaft von elementarer Bedeutung. Die Kompetenz zur Recherche im weltweiten Datennetz ist somit eine wichtige Schlüsselqualifikation.

3.1 Erste Schritte

Auch wenn Sie es am Anfang Ihrer Arbeit nicht für möglich halten: Ohne ein geordnetes Vorgehen werden Sie innerhalb kürzester Zeit die Übersicht verlieren. Vor Beginn der eigentlichen Recherche sind deshalb einige vorbereitende Arbeiten zweckmäßig:

1. Zunächst sollten Sie sich Gedanken über die Ziele Ihrer Arbeit machen und schriftlich eine *zentrale Fragestellung* (siehe S. 81 ff.) formulieren. Wahrscheinlich ergeben sich hierbei erste Suchbegriffe für eine Recherche im Internet oder in der Bibliothek. Notieren Sie diese in einer *Liste für Suchbegriffe.*

2. In einem weiteren vorbereitenden Schritt sollte in *elektronischer Form* die Grundstruktur eines *Inhaltsverzeichnisses* (siehe S. 74 ff.) und – davon getrennt – eines *Literaturprotokolls* angelegt werden. Im Gegensatz zu einem Literaturverzeichnis, das nach bestimmten Regeln zu erstellen ist (siehe S. 90 ff.), können in einem Literaturprotokoll zusätzliche Informationen und persönliche Bemerkungen notiert werden.

3. Da trotz der vielen Vorteile der elektronischen Datenverarbeitung die Übersicht am Bildschirm leicht verloren geht, bietet sich die Anschaffung eines Ordners (Ringbuch) an, in dem parallel zur elektronischen Speicherung ein *Inhaltsverzeichnis und ein Literaturprotokoll* in gedruckter Form eingeordnet werden. Diese erleichtern Ihnen die Übersicht.

4. In einem Literaturprotokoll sollte jede Literatur mit einer fortlaufenden Nummerierung (z.B. [1], [2], [3]) notiert werden, um im eigenen Konzept die Informationsquelle schnell und mit der entsprechenden Seitenzahl festhalten zu können. So werden Quellen nachprüfbar und intensive Nachforschungen erleichtert. Ohne diese Kennzeichnungen werden Sie die verwendeten Literaturstellen nur schwer wiederfinden.

Beispiel eines Literaturprotokolls

Bei Büchern kann vermerkt werden:	*Beispiel:*
• Fortlaufende Nummerierung	• [1]
• Name und Vorname des Autors oder Herausgebers	• Hacker, Rupert
• Buchtitel	• Bibliothekarisches Grundwissen
• Auflage	• 7., neu bearbeitete Auflage
• Verlag	• K. G. Saur-Verlag
• Erscheinungsort	• München
• Erscheinungsjahr	• 2000
• Bezugsquelle des Buches	• Fernleihe durch die ortsansässige Stadtbibliothek Standort: UB Konstanz Buchsignatur: xy
• Persönliche Notizen: Inhaltsangabe, Nutzbarkeit, Seitenangaben	• Sehr hoher Nutzwert, vor allem zum Thema: Recherche in Bibliotheken, besonders interessant sind das Kapitel xy und die Seiten (...)

Bei Internetquellen kann vermerkt werden:	*Beispiel:*
• Fortlaufende Nummerierung	• [2]
• Name und Vorname des Autors	• ? (UB Marburg)
• Titel der Internetquelle	• Literaturrecherche im Internet
• ggf. Datum/Erstellungsjahr der Internetquelle/letzte Aktualisierung	• Letzte Aktualisierung: 20.08.2002; 9.12 Uhr
• Internetadresse (URL)	• www.ub.uni-marburg.de/cat/litrech.html
• Datum der Entnahme aus dem Internet	• 01.03.2004
• Persönliche Notizen	• viele Links zu z.B. KVK, Bibliotheken, weltweite Sammlung von Online-Bibliotheken, Zeitschriftendatenbanken, Tageszeitungen, Seite ist im Quellenverzeichnis (siehe unten) gespeichert.

5. Bei der Vorbereitung sollten Sie sich auch Gedanken zum Ablauf der Recherche machen: Welche Informationenquellen möchten Sie nutzen? Welche Suchbegriffe halten Sie für sinnvoll? In einer *Übersichtstabelle* können die einzelnen Rechercheschritte protokolliert werden.

Beispiel einer Übersichtstabelle

Suchbegriffe: / Informationsquellen:	*Beispiel 1*	*Beispiel 2*	*Beispiel 3*	*Beispiel 4*
Lexikon: (z.B. Brockhaus o.ä.)	- Erfolg? (+oder -) - Seitenangabe? - Kopie? (ja oder nein)	- Erfolg? (+oder -) - Seitenangabe? - Kopie? (ja oder nein)	- Erfolg? (+oder -) - Seitenangabe? - Kopie? (ja oder nein)	- Erfolg? (+oder -) - Seitenangabe? - Kopie? (ja oder nein)
Suchmaschine Ihrer Stadtbibliothek: www. ...	- Erfolg? (+oder -) - Trefferzahl? - Trefferliste gespeichert? (ja oder nein)	- Erfolg? (+oder -) - Trefferzahl? - Trefferliste gespeichert? (ja oder nein)	- Erfolg? (+oder -) - Trefferzahl? - Trefferliste gespeichert? (ja oder nein)	- Erfolg? (+oder -) - Trefferzahl? - Trefferliste gespeichert? (ja oder nein) .
Suchmaschine Ihrer Universitätsbibliothek: www.	- Erfolg? (+oder -) - Trefferzahl? - Trefferliste gespeichert? (ja oder nein)	- Erfolg? (+oder -) - Trefferzahl? - Trefferliste gespeichert? (ja oder nein)	- Erfolg? (+oder -) - Trefferzahl? - Trefferliste gespeichert? (ja oder nein)	- Erfolg? (+oder -) - Trefferzahl? - Trefferliste gespeichert? (ja oder nein)
Metasuchmaschine der Bibliotheken: z.B. www.ubka.uni-karlsruhe.de	- Erfolg? (+oder -) - Trefferzahl? - Trefferliste gespeichert? (ja oder nein)	- Erfolg? (+oder -) - Trefferzahl? - Trefferliste gespeichert? (ja oder nein)	- Erfolg? (+oder -) - Trefferzahl? - Trefferliste gespeichert? (ja oder nein)	- Erfolg? (+oder -) - Trefferzahl? - Trefferliste gespeichert? (ja oder nein)
Suchmaschine im Internet: z. B. www.google.de	- Erfolg? (+oder -) - Trefferzahl? - Trefferliste gespeichert? (ja oder nein)	- Erfolg? (+oder -) - Trefferzahl? - Trefferliste gespeichert? (ja oder nein)	- Erfolg? (+oder -) - Trefferzahl? - Trefferliste gespeichert? (ja oder nein)	- Erfolg? (+oder -) - Trefferzahl? - Trefferliste gespeichert? (ja oder nein)
Suchmaschine für Zeitungs-/Zeitschriften-artikel: z. B. www.paperball.de	- Erfolg? (+oder -) - Datum - Seite? - Titel des Artikels? - Kopie?	- Erfolg? (+oder -) - Datum - Seite? - Titel des Artikels? - Kopie?	- Erfolg? (+oder -) - Datum - Seite? - Titel des Artikels? - Kopie?	- Erfolg? (+oder -) - Datum - Seite? - Titel des Artikels? - Kopie?

In der ersten Zeile der Übersichtstabelle werden die verwendeten Suchbegriffe und in der ersten Spalte die verschiedenen Informationsquellen eingetragen, in den verbleibenden Kästchen können relevante Ergebnisse der Suche in Kurzform festgehalten werden (z.B. Seitenzahl im Buch, Anzahl der Treffer bei der jeweiligen Suchmaschine, weitere Suchbegriffe, Titel des Artikels, Speicherort).

6. Es bietet sich an, die Trefferlisten und vielversprechende Texte gleich zu kopieren, zu speichern und elektronisch in einem Ordner einzusortieren. Ein solches *Ordnungssystem* könnte z.B. folgenden Pfad besitzen:

Titel des Ordners/ z.B.:	Informationsquelle/	Suchbegriff/	Trefferliste/	Einzeltext
Quellenverzeichnis/	www.ubka.uni-karlsruhe.de/kvk.html	Patchworkfamilie	(Hier kann die entsprechende Trefferliste aus dem Internet gespeichert werden.)	(Hier können themenrelevante Texte/Seiten gespeichert werden.)

Wie finde ich erste Suchbegriffe?

- Verschaffen Sie sich einen ersten groben Überblick zum Thema mithilfe von Lexika. Meistens findet sich hier eine Reihe lohnender Suchbegriffe.
- Führen Sie mithilfe der Online-Suchmaske Ihrer Stadtbibliothek („Erweiterte Suche") eine erste Recherche durch.
- Bei manchen Online-Suchmasken öffnet sich ein Register mit Synonymen, d.h. sinnverwandten Begriffen. Notieren Sie sinnvolle Begriffe.
- Synonyme ergeben sich meist auch aus dem Inhalt oder dem Inhaltsverzeichnis der ersten gefundenen Buchtitel oder Internetadressen. Notieren Sie diese.
- Hilfe bietet auch das elektronische Schreibprogramm WORD. Durch Anklicken eines Begriffs mit der rechten Maustaste können durch Verwendung des Synonyme-Programms (Thesaurus) sinnverwandte Suchwörter ermittelt werden.
- Synonyme können Sie auch in speziellen Büchern ausfindig machen: z. B. Duden, Bd. 8: Sinn- und sachverwandte Wörter, herausgegeben von der Dudenredaktion, 7., neu bearbeitete und erweiterte Auflage, Mannheim 2001 oder A.M Textor, Sag es treffender, bearbeitet von Renate Morell, 6. vollständig überarbeitete und erweiterte Auflage, Reinbek 2003.

Wo finde ich Informationen?

Als Informationsquellen stehen Bücher, Zeitungen und Zeitschriften, TV- und Hörfunksendungen, Videos, das Internet und Datenbanken zur Verfügung. Meinungsumfragen oder Interviews stellen weitere Möglichkeiten der Recherche dar.

Das *Internet* erscheint zunächst paradiesisch für jeden, der Informationen sucht. Vorteilhaft ist die hohe Aktualität, die enorme Mannigfaltigkeit und die Internationalität des Datenbestandes. Die Recherche ist für jeden, der über die technischen Voraussetzungen verfügt, von zu Hause aus möglich. Relevante Informationen im Internet zu finden ist allerdings immer noch vergleichbar mit der berühmten Suche nach der Stecknadel im Heuhaufen. Probleme bereiten der riesige Umfang der Informationen, der hieraus resultierende hohe Zeitbedarf für die Internetrecherche und die oft zweifelhafte Qualität. Meist sind Tatsachendokumentationen und persönliche Meinungen nicht klar getrennt und die Inhalte nicht überprüft.

Jeder kann einstellen, was er will. Ein weiteres Problem ergibt sich aus der Kurzlebigkeit vieler Internetseiten. Auch die Kosten und oft in einer Fremdsprache verfasste Seiten erschweren die Internetrecherche.

Archive (Staats-, Stadt-, kirchliche und Zeitungsarchive sowie Landesbibliotheken mit Archivfunktion) enthalten aus amtlicher oder privater Geschäftsführung entstandene Aufzeichnungen, Geschäftstexte, Akten, Handschriften, alte Drucke oder Urkunden, also Originalschriftstücke. Archive bewahren ihre Bestände dauerhaft auf, um sie für die Zukunft zu erhalten. Da Archive in der Regel keine Ausleihfunktion besitzen, muss das Quellenstudium vor Ort erfolgen. Es empfiehlt sich die Erkundung der Öffnungszeiten und eine telefonische Voranmeldung.

Eine Besonderheit stellen die Museen dar. Sie sammeln, erschließen und präsentieren Gegenstände aus Kultur und Natur und vermitteln auf diese Weise Informationen für das interessierte Publikum.

Bei den *Bibliotheken* unterscheidet man private, öffentliche und wissenschaftliche Bibliotheken. Zur Gruppe der öffentlichen Bibliotheken (Staats- und Landesbibliotheken sowie Stadtbüchereien) gehören alle Büchereien, die in erster Linie der allgemeinen, politischen und beruflichen Bildung sowie der Unterhaltung dienen. Zur wissenschaftlichen Bibliothek (Universitätsbibliothek) werden jene Büchersammlungen gerechnet, die vor allem dem wissenschaftlichen Studium und der Forschung dienen. Universitätsbibliotheken stellen die Versorgung der Hochschulangehörigen und der Allgemeinheit mit wissenschaftlicher Literatur und Information sicher. Bei Informationen aus (Universitäts-)Bibliotheken erscheint, im Gegensatz zum Internet, die Qualität gesichert und über oft viele Jahre durch neue Auflagen und Korrekturen optimiert.

3.2 Das Internet

Die Kenntnisse und die technischen Voraussetzungen, die zur Arbeit mit dem Internet notwendig sind, sollen hier nicht besprochen werden. Es gibt zu diesem Themenbereich genügend einschlägige Literatur. Am besten funktioniert auch hier die Hilfe auf der persönlichen Ebene.

Häufig erlebt der „Internet-Anfänger" folgendes Szenario: Gut vorbereitet durch das Erstellen von Listen und Übersichten wird die Recherchearbeit mit großem Elan und Begeisterung in Angriff genommen. Erwartungsvoll tippt man seinen Suchbegriff in die Suchmaske einer Suchmaschine ein – und erlebt eine herbe Enttäuschung. Hunderte, manchmal Tausende von Seiten werden aufgelistet. Vielleicht besucht man noch die ersten zehn oder zwanzig Adressen und stellt dann resigniert fest, dass die Seiten wenig mit dem eigenen Thema zu tun haben, häufig mehrfach in willkürlicher Reihenfolge aufgelistet werden oder einfach veraltet bzw. nicht auffindbar sind. Das Hauptproblem liegt somit im Entdecken der gewünschten Informationen im Meer der wertlosen Informationen.

Suchmaschinen

Zur Nutzung der Informationsflut von Millionen von Seiten im Internet gibt es *Suchmaschinen* und *Kataloge*. Für eine effektive Suche sollten Sie etwas über die Vorgehensweise von Suchhilfen wissen, um die für den jeweiligen Zweck am besten geeignete Maschine einzusetzen.
Manche Suchmaschinen durchsuchen das World Wide Web (www) nach der Adresse eines Dokuments oder eines Servers (die Abkürzung „URL" steht dabei für „Uniform Resource Locator"), andere berücksichtigen die ersten Zeilen einer Seite, wieder andere die am häufigsten im Text vorkommenden Wörter. Volltextsuchmaschinen durchforsten den gesamten Text einer Informationsquelle. Suchmaschinen arbeiten rein formal: Nach der Eingabe von Stichworten in eine Suchmaske wird die Datenbank der Suchmaschine durchsucht und jede Seite aufgelistet, die den gesuchten Begriff enthält. „Intelligente Suchmaschinen" versuchen, die wirklich aufschlussreichen Dokumente herauszufiltern, nach der Wichtigkeit zu sortieren und für jeden Treffer eine Kurzbeschreibung zu liefern. Aber schon das Datum der letzten Änderung der Seite sucht man oft vergeblich.

Aufgrund der verwirrenden Vielfalt von allgemeinen Suchmaschinen erscheint es sinnvoll, sich auf eine oder wenige Suchsysteme zu beschränken. Die Handhabung dieser Suchmaschinen kann durch Anklicken der Hilfefunktion erkundet werden. Hier wird erklärt, wie die Recherche optimiert werden kann und was sich unter dem Begriff „Erweiterte Suche“ oder „Profisuche“ verbirgt.
Als allgemeine Suchmaschine empfiehlt sich Google (www.google.de (national) bzw. www.google.com (international)). Andere Suchmaschinen fassen die Ergebnisse automatisch in Gruppen zusammen und sortieren diese nach Hierarchien (sog. Clustering). Dies erleichtert bei großen Trefferzahlen das Auffinden der relevanten Informationen (z.B. www.vivisimo.com; Tipp: Deutsche Sprache einstellen).
Eine weitere Recherchemöglichkeit bieten *Kataloge (= Verzeichnisse)*. Kataloge bestehen aus Listen von Internetadressen, die unter speziellen Schlagworten zusammengestellt sind. Redakteure sichten die Inhalte von Internetseiten und ordnen diese unter Oberbegriffen. Online-Kataloge ähneln dabei Schlagwortkatalogen von Bibliotheken: Jedes Thema hat seinen eigenen Bereich, der sich wiederum in Unterthemen aufgliedert. Eine solche Hierarchie von Kategorien hat große Vorteile: Meist sind in Kataloge aufgenommene Internetadressen relativ hochwertig, außerdem können Sie über ein Kategoriensystem rasch erste Seiten und Suchbegriffe zum Thema finden. Allerdings entstehen Kataloge in Handarbeit und sind daher weniger umfangreich als die Datenbanken von Suchmaschinen. Dieser Nachteil wird jedoch oft durch die Kopplung mit einer allgemeinen Suchmaschine kompensiert.

Erweiterte Möglichkeiten bieten *Metasuchmaschinen,* die stets mehrere Suchmaschinen und Kataloge abfragen. Ihr Einsatz ist sinnvoll, wenn bei allgemeinen Suchmaschinen keine oder nur sehr wenige Treffer angezeigt werden oder wenn ein sehr ausgefallener Begriff für die Suche verwendet wird. Empfehlenswert erscheinen:
www.metager.de
www.ixquick.com

Für eine Vielzahl von Themenfeldern gibt es *spezielle Suchmaschinen,* deren Datenbestand zum jeweiligen Themenfeld deutlich breiter und vollständiger ist. Bestimmte Suchmaschinen wie www.klug-suchen.de oder www.suchfibel.de helfen entsprechende Adressen zu finden.

Einige Beispiele spezieller Suchmaschinen und deren Funktion:

www.recherchetipps.de	speziell für Journalisten konzipiert: sie bietet einen Überblick über Recherchemöglichkeiten und Links zu vielen Zeitungs-, Foto-, Fernseh-, Film- und Radio-Archiven, Nachrichten, Katalogen und speziellen Wissensgebieten
www.paperazzi.de	Artikel deutscher und internationaler Online-Veröffentlichungen, reicht ungefähr einen Monat zurück
www.paperball.de, www.presse-suche.de	Artikel aus ca. 200 deutschsprachigen Tageszeitungen, Wochenzeitungen und Branchendiensten Deutschlands, Österreichs und der Schweiz; viele sind (z.T. gegen eine geringe Gebühr) direkt im Netz verfügbar
www.photosearch.de	Meta-Suchmaschine für Bildarchive: Sie schickt die Anfrage parallel an über 20 Bilddatenbanken und bietet dabei auch einen kostenlosen Zugang zur dpa-Bilddatenbank. Bei jeder angefragten Agentur werden die ersten acht gefundenen Fotos im Briefmarkenformat angezeigt.

Online können Sie auch direkt in den Archiven vieler Zeitungen, Zeitschriften und Rundfunksender recherchieren. Verstärkt gehen jedoch die Verlage dazu über, die Artikel kostenpflichtig anzubieten. Einige Redaktionen erlauben die kostenlose Recherche nur in den Artikeln der letzten Wochen. Nachfolgend sind einige Internet-Adressen von Zeitungen und Zeitschriften aufgelistet:

www.wissenschaft.de	„Bild der Wissenschaft“
www.faz.de	„Frankfurter Allgemeine Zeitung“
www.focus.de	„Fokus“
www.frankfurter-rundschau.de	„Die Frankfurter Rundschau“
www.nzz.ch	„Neue Zürcher Zeitung“
www.geo.de	„Geo“

www.psychologie-heute.de	„Psychologie Heute“
www.spiegel.de	„Der Spiegel“
www.stern.de	„Stern“
www.sueddeutsche.de	„Süddeutsche Zeitung“
www.taz.de	„Die Tageszeitung“
www.welt.de	„Die Welt“
www.zeit.de	„Die Zeit“
www.bpb.de	„Bundeszentrale für politische Bildung“ (mit vielen kostenlosen Download-Materialien)

Tipp

Eine Möglichkeit, die Artikel kostenfrei nachzulesen, bietet eventuell die städtische Bücherei, falls diese die entsprechende Zeitschrift abonniert hat.
Suchen Sie in den Themenheften verschiedener Zeitungen und Zeitschriften nach zu Ihrer Arbeit passenden Artikeln. Sie können hier bei einem vergleichbaren Thema eine Grobgliederung Ihrer Arbeit mit vielen informativen und präsentablen Ideen finden.

Das Internet entwickelt sich mit rasanter Geschwindigkeit, so dass Adressen und Tipps schnell ihre Gültigkeit verlieren. Eine Lösung dieses Problems bieten Dienste, die solche Adressen aktualisieren. So werden unter der Adresse www.ubka.uni-karlsruhe.de Dienste und Tipps zur erfolgreichen Recherche im Internet angeboten. Die Adressen der besten Suchmaschinen und eine hierarchisch geordnete Übersicht über wichtige Internetseiten sind nach ihrer Funktion aufgelistet und werden laufend aktualisiert.

Suchstrategien

Da die Funktionsweisen der verschiedenen Suchmaschinen unterschiedlich sind, lassen sich keine allgemein gültigen Regeln aufstellen. Folgende Vorschläge sind jedoch hilfreich:

- Wollen Sie sich in ein Thema neu einarbeiten und fallen Ihnen keine Suchbegriffe ein, suchen Sie entsprechende Begriffe in den Katalogen der Suchmaschinen. So lassen sich eine erste Auflistung von Links und oft auch Stichwörter für die weitere Suche zu Ihrem Thema erschließen.

- Ungeeignet sind Begriffe, die Sie im Alltag wieder finden. Verwenden Sie eng definierte und konkrete Fachbegriffe aus Ihrem Themengebiet.

- Formulieren Sie als Stichwörter Substantive in der Grundform (Nominativ Singular). Wenn Sie z.B. etwas über Störche suchen, werden Sie unterschiedliche Trefferzahlen landen, wenn Sie das Stichwort „Storch“ oder „Störche“ eingeben. Ein Grund für die Verwendung von Substantiven ist die Tatsache, dass im Deutschen Verben oft gebeugt werden.

- Wenn Sie dennoch Verben als Stichwort verwenden, sollten Sie sich überlegen, ob Sie durch die Verwendung eines Platzhalters (Trunkieren) die Suche verbessern können: Geben Sie beispielsweise als Stichwort statt „fliegen“ nur den Wortstamm „flieg“ und das Sternchen (*) ein, um beliebig viele Zeichen zu ersetzen, dann werden sowohl die Wortform „ich fliege“ als auch „wir fliegen“ und „ihr fliegt“ gefunden.

- Die Grundform eines Begriffs erscheint nicht immer optimal: Mit dem Stichwort „Museum“ erhalten Sie vor allem Seiten angezeigt, die ein konkretes Museum vor stellen. Mit dem Stichwort „Museen“ jedoch werden Sie vor allem Seiten finden, die verschiedene Museen auflisten.

- Überlegen Sie sich, ob im gesamten, weltweiten Internet oder nur im deutschsprachigen Teil gesucht werden soll. Stellen Sie die Suchmaschine entsprechend ein.

- Bei manchen Suchmaschinen kann mithilfe der *Bool´schen Operatoren* sondiert und durch die Kombination mehrerer Stichworte die Nachforschung spezifiziert werden. Leider werden die Bool´schen Operatoren unterschiedlich verwendet, so dass die folgenden Regeln nicht allgemein gültig sind.

Bool´scher Operator:	Beispiel:
+ (AND) Bei der Verwendung eines Plus-Zeichens oder des Operators AND zwischen den Suchbegriffen müssen diese Wörter im gesuchten Text enthalten sein.	**Presse AND Rundfunk** Es werden Dokumente gefunden, die sowohl die Begriffe „Presse“ als auch „Rundfunk“ enthalten.
- (NOT) Bei der Verwendung eines Minus-Zeichens oder des Operators NOT darf das Wort nicht im gesuchten Text enthalten sein.	**Presse NOT Rundfunk** Es werden Dokumente gefunden, die zwar den Begriff „Presse“, nicht aber „Rundfunk“ enthalten.
* Ein Sternchen (*) als Platzhalter direkt vor oder nach dem Suchbegriff steht für einen beliebig langen Beginn oder ein beliebig langes Ende, d.h. eine Buchstabengruppe wird ersetzt.	**Presse*** Es werden Dokumente gefunden, die Wörter enthalten, welche mit „Presse“ beginnen, z.B.: Presse, Pressefreiheit, Pressegesetz etc.
OR Bei der Verwendung des Operators OR werden die Dokumente ermittelt, die eines der Stichworte enthalten.	**Presse OR Rundfunk** Mit diesem Suchbegriff werden Dokumente gefunden, die den Begriff „Presse“ oder „Rundfunk“ oder beide enthalten.
NEAR Dieser Operator bewirkt, dass zwischen zwei gesuchten Begriffen maximal zehn andere Begriffe stehen dürfen.	**Presse NEAR Rundfunk** Der Suchbegriff findet wie bei AND nur Dokumente, welche die „Presse“ als auch „Rundfunk“ enthalten, wobei die gesuchten Begriffe nah beieinander stehen müssen.
„x und y“ Werden mehrere Begriffe mit Anführungsstrichen zu einer Phrase verbunden, so bedeutet dies, dass genau diese Begriffe zusammenhängend im Text vorkommen müssen.	**„Presse und Rundfunk“** Mit diesem Suchbegriff werden Dokumente gefunden, die genau die Phrase „Presse und Rundfunk“ enthalten. Ohne die Anführungszeichen würden wie beim Operator AND auch Dokumente zu „Presse“ und „Rundfunk“ gefunden.

- Es empfiehlt sich, eine geeignet erscheinende Internetquelle ohne weitere Überprüfung zu speichern und anschließend offline ohne Gebühren in Ruhe auszuwerten.

- Vergessen Sie nicht, die Quelle sofort mit den erforderlichen Angaben zu erfassen. Dies ermöglicht es Ihnen, die Seite später wieder zu finden und in der Arbeit korrekt zu zitieren (Zitierregeln siehe S. 88 f.).

- Bei umfangreichen Dokumenten ist es oft schwierig, die gewünschte Textstelle zu finden. Drücken Sie in diesem Fall die Steuerungstaste „Strg“ und gleichzeitig die Taste mit dem Buchstaben „F“: So öffnet sich ein Suchfeld, mit dem innerhalb des Dokuments nach dem entsprechenden Begriff gesucht werden kann.

Wie beurteile ich die Qualität von Informationen?

Oft wird der Wert von Internetquellen überschätzt. Eine Information ist nicht deshalb wertvoll, weil sie aus dem Internet stammt. Viele Webseiten fallen unter den Begriff „Datenschrott". Es ist deshalb wichtig, die Seriosität der Internetquellen abschätzen zu können.
Internetseiten öffentlicher Institutionen, bekannter Zeitschriften, Zeitungen o.ä. sind in der Regel bedenkenlos verwendbar. So können z.B. Seiten der Universitäten oder Statistiken des statistischen Bundesamtes (www.destatis.de mit Links zu den statistischen Landesämtern) unbedenklich verwendet werden. Hinweise auf die Seriosität eines Anbieters liefern außerdem die formale Sorgfalt (Gestaltung der Seite, Angabe des Autorennamens, Erstellungsjahr der Internetquelle, Datum der letzten Aktualisierung) und die deutlich stärkere Gewichtung inhaltlicher Aspekte gegenüber der Werbung. Des Weiteren sollte eine Seite überprüfbare Quellenangaben enthalten. Sie können auch versuchen, mithilfe anderer Quellen die Informationen zu überprüfen.

Tipp

Seiten von Privatpersonen sollten nicht die alleinige Basis eines Referates oder einer Facharbeit bilden.

3.3 Die Bibliothek

Wer im Seminarkurs einige Male die Bibliothek mit ihren verschiedenen Angeboten und Dienstleistungen benutzt hat, kann sie im Studium von Anfang an kompetenter und gezielter in Anspruch nehmen.

Tipp

- Beginnen sie mit Ihrer Recherche in Ruhe schon online zu Hause. Nutzen Sie die Möglichkeit, einzelne Titel bereits vorzubestellen. So können Sie gut vorbereitet die gewünschten Bücher direkt bei Ihrem Besuch einer Bibliothek mitnehmen.
- Nehmen Sie an einer Führung durch eine Bibliothek teil. So lernen Sie die Funktionsweise am besten kennen. Vergessen Sie nicht, Ihren Personalausweis mitzunehmen. Dann können Sie sich vor Ort den Bibliotheksausweis ausstellen lassen. Bei Minderjährigen ist die Unterschrift des gesetzlichen Vertreters notwendig.
- Nutzen Sie die Erfahrung und Kompetenz der Bibliothekare.

In einer Bibliothek wird zwischen *Freihand- und Magazinbereich* unterschieden. Bücher aus dem Freihandbestand können sofort entliehen werden. Magazintitel müssen erst bestellt werden und können somit erst später abgeholt werden. Zum Teil befinden sich die betreffenden Bücher nicht im Bestand der Zentralbibliothek, sondern in zentrumsfernen Fachbibliotheken.
In *Lesesälen* sind viele Bücher (Nachschlagewerke, Überblicksdarstellungen, Standardwerke) überschaubar nach Fächern geordnet und direkt präsent (daher auch der Name „Präsenzbestand"). Der Lesesaal bietet also Übersicht und Anregung gleichermaßen.
Das Ausleihverfahren und die Literaturbeschaffung erscheinen auf den ersten Blick komplizierter als die Informationsgewinnung aus dem Internet. Nicht zu verachten ist allerdings die höhere Qualität der Literatur. Vielfache Fahrten zur Universitätsbücherei können Sie sich durch Nutzung der lokalen städtischen Bücherei ersparen, die gegen eine geringe Gebühr die Literaturbeschaffung per Fernleihe ermöglicht.
Eine weitere Möglichkeit der Fernleihe ist durch den Subito-Dienst (subito (lat.): eilig, sofort) gegeben. Mit diesem Dienst ist die elektronische Bestellung der Literatur und eine schnelle Lieferung innerhalb von 72 Stunden (Eildienst: 24 Stunden) an die gewünschte Adresse oder in elektronischer Form direkt auf den PC des Benutzers zu bundesweit einheitlichen, mäßigen Preisen gewährleistet. Für die Recherche oder die Bestellung über Subito wählt der Benutzer den direkten Zugang (www.subito-doc.de) oder einen der angeschlossenen Verbünde (z.B. www.ubka.uni-karlsruhe.de). Nach der Registrierung kann die gewünschte Literatur beim Lieferanten bestellt werden; es muss nur noch die Lieferart und die Zahlungsweise eingegeben werden.

Tipp

- Vorbestellungen und Verlängerungen der Ausleihfristen sind meist online möglich.
- Machen Sie sich, wenn Sie im Team arbeiten, gegenseitig auf interessante Literatur aufmerksam.
- Schicken Sie, falls Sie nicht in einer Universitätsstadt wohnen, die Bücher Ihrer Gruppe aus einer ortsfernen Bibliothek gemeinsam in einem Paket zurück.

Geeignete Online-Adressen

Ein Garant für eine effektive Recherche ist der seit fast einem Jahrzehnt existierende und fortentwickelte *Karlsruher Virtuelle Katalog (KVK)*, ein Dienst der Universitätsbibliothek Karlsruhe. Er ermöglicht unter www.ubka.uni-karlsruhe.de/kvk.html eine gleichzeitige Suche nach wissenschaftlicher Literatur in Online-Bibliotheks- und Buchhandelskatalogen weltweit. So durchsucht er beispielsweise die Datenbanken der Universitätsbibliotheken, die Deutsche Bibliothek Frankfurt am Main, den Bayerischen, Hessischen und Südwestdeutschen Bibliotheksverbund sowie die Angebote kommerzieller Online-Buchhändler. Auch ausländische Suchmaschinen können in die Suche einbezogenwerden. Über 75 Millionen Bücher werden hier nachgewiesen – was man mithilfe gängiger Suchmaschinen nicht findet, sollte spätestens hier auftauchen. Der KVK verfügt allerdings über keine eigene Datenbank, sondern ist von der Verfügbarkeit der Zielsysteme im Internet abhängig. Er kann auch nicht mehr Funktionalität bei der Recherche bieten als die einzelnen Zielsysteme selbst. Das System sucht in allen Katalogen, die vom Suchenden angehakt werden. Bitte beachten Sie, dass bei weitem nicht alle Bücher, über die Bibliotheken verfügen, in den Computerkatalogen verzeichnet sind. In der Regel finden Sie einigermaßen vollständig nur die Literatur der letzten 10 bis 20 Jahre verzeichnet.

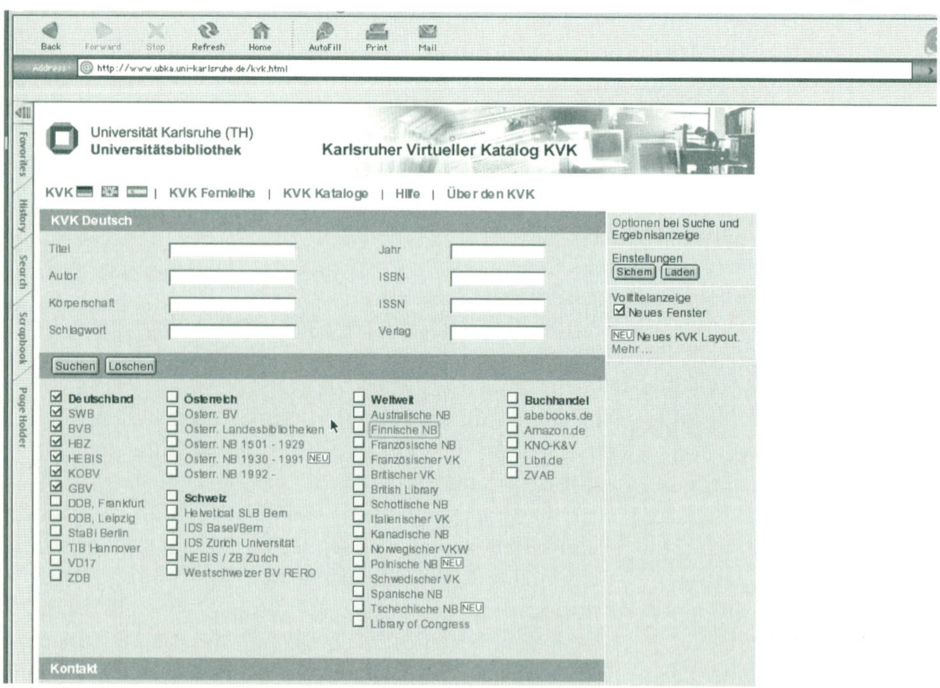

Online-Suchmaske des KVK-Katalogs.

Tipp

Es empfiehlt sich, bei einer allgemeinen Suche durch einen Haken bei „Deutschland" alle angebotenen deutschen Kataloge zu aktivieren.
Wollen Sie die Suche jedoch einschränken, gelangen Sie über die Startmaske des KVK zu einzelnen regionalen Bibliotheksverbünden (z.B. Südwestdeutscher Bibliotheksverbund unter www.bsz-bw.de). Hier können Sie auch die Adresse der nächstgelegenen Universitätsbibliothek ermitteln.

Eine Fernleihe, wie im Karlsruher Katalog angeboten, ist im Moment nur für Kunden der Universitätsbibliotheken Karlsruhe und Mannheim möglich. Eine Alternative ist das Fernleiheangebot der örtlichen Stadtbibliotheken. In die KVK-Ergebnisanzeige wurde ein Google-Suchformular integriert. Die Suchbegriffe aus der KVK-Suchmaske werden automatisch in dieses Formular übertragen. Damit kann bei Bedarf eine weiterführende Suche nach Internetdokumenten gestartet werden. Die Ergebnisse der Google-Recherche werden in einem neuen Fenster angezeigt.
Die Startseite des KVK bietet auch die Möglichkeit, auf Spezialkataloge und Bibliographien zuzugreifen. Interessant erscheinen hier der im Aufbau befindliche Karlsruher-VirtuellerVolltext-katalog (VVK-, www.ubka.unikarlsruhe.de/kvvk.html),Schweizer-Virtueller-Katalog (CHVK, www.chvk.ch), ein Katalog für Kunstgeschichte und eine deutsche virtuelle Landesbibliographie, um nur einige Beispiele zu nennen.
Eine virtuelle Zeitschriftendatenbank wurde von der UB Regensburg (www.bibliothek.uni-regensburg.de) entwickelt. Hier wird die Volltextrecherche in Zeitschriften mit wissenschaftlichem Hintergrund ermöglicht. Die Benutzer (z.T. nur mit spezieller Berechtigung) können sich über den Titel einer Zeitschrift die gewünschten Aufsätze auf ihrem eigenen Bildschirm sichtbar machen.

Benutzung eines Online-Katalogs

Der traditionelle Bibliothekskatalog mit Karteikarten wurde bei den meisten Bibliotheken durch elektronische Datenbanken ersetzt. Im Mittelpunkt jeder modernen Bibliothek steht heute der Online-Benutzer-Katalog (OPAC = Online Public Access Catalog) mit seinen vielfältigen Suchmöglichkeiten, der in der Regel auch vom heimischen PC aus zugänglich ist. Nach dem Aufruf der entsprechenden Internetadresse öffnet sich zunächst der Eröffnungsbildschirm, von dort ist die Weiterleitung zur Recherchemaske möglich. Der Benutzer hat im Allgemeinen die Wahl zwischen der *„Standardsuche“ („Einfache Suche“)* und der *„Expertensuche“ („Erweiterte Suche“, „Profisuche“)*. Im Folgenden wird die Vorgehensweise bei der Benutzung eines Online-Katalogs beschrieben:

1. In das freie Feld bei der Standardsuche können einzelne Schlagworte, der Name des Verfassers oder der Buchtitel eingegeben werden. Nach dem Anklicken der Suchfunktion durchforstet das System den gesamten Datenbestand und listet die Buchtitel auf, die dem eingegebenen Begriff entsprechen. Hier kann auch die Verfügbarkeit und – über ein weiteres Informationsfenster – eine Kurzbeschreibung des Buchinhalts eingesehen werden.

2. Ergeben sich zu viele Treffer, so kann z.B. über das Feld für die Expertensuche die Suche präzisiert werden. Bei manchen Suchmasken ist die Expertensuche schon in die Suchmaske der Standardsuche integriert.

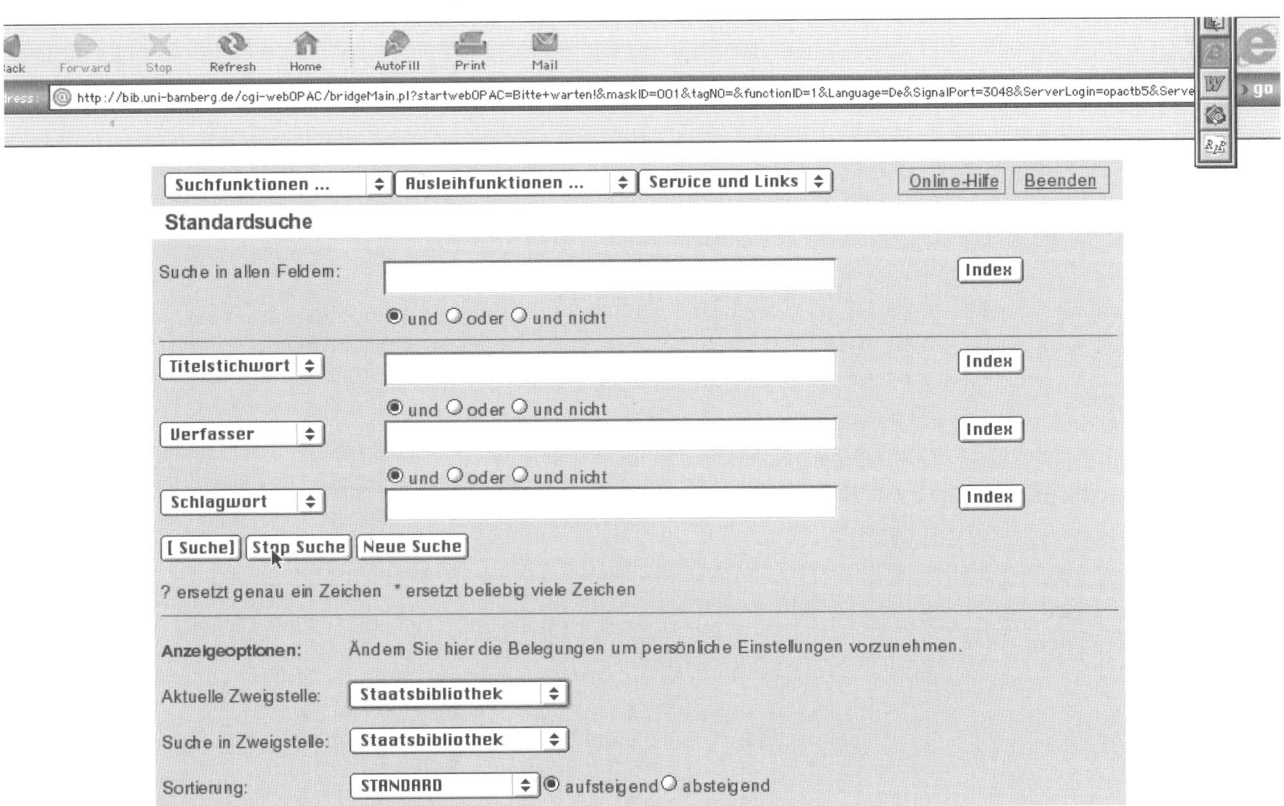

Suchmaske „Standardsuche“ mit integrierter „Expertensuche“ einer Stadtbücherei.

Die Funktion der einzelnen Felder ist leicht verständlich. Es wird zwischen Titel-, Stich-, Schlagwort- und Personensuche differenziert, auch kann in manchen Suchmasken nach dem Körperschaftsnamen (Institution, Verein, Universität), Erscheinungsjahr, Erscheinungsort, Verlag und ISBN-Nummer sortiert werden. Sollten Schwierigkeiten auftauchen, kann die Hilfefunktion aufgerufen werden.

Eine mögliche Schwierigkeit entsteht durch die unterschiedliche Verwendung der Begriffe *Stich- bzw. Schlagwort*. Während das Stichwort im Allgemeinen ein charakteristisches Wort des Sachtitels oder Untertitels darstellt, wird das Schlagwort unabhängig vom Titel entsprechend dem Inhalt des Buches frei gewählt, es erscheint nicht immer im Sachtitel des Buches. Das Schlagwort kann, muss aber nicht mit dem Stichwort übereinstimmen. Die Bibliotheken führen gewöhnlich ein alphabetisches Schlagwortregister. Dieses kann sehr sinnvoll bei der Suche nach dem passenden Schlagwort eingesetzt werden. Zusätzlich sind oftmals Verknüpfungen von Suchbegriffen möglich.

Tipp

Sofern Sie nicht nach einem speziellen Titel suchen, ist für eine Recherche die Schlagwort- der Stichwortsuche vorzuziehen.

Beispiel:
Bei der Suche nach dem (Titel-) Stichwort „Mode“ werden nur solche Bücher angezeigt, die dieses Wort in ihrem Buchtitel führen. Ein fremdsprachliches Werk („fashion“) oder ein Buch mit dem Titel „Kleidung als Kunstwerk“ wäre so nicht auffindbar, sondern nur mithilfe des Schlagwortes „Mode“, das den Buchinhalt unabhängig von dem Vorkommen des Begriffs im Buchtitel zutreffend beschreibt.
Manchmal wird die Kategorie „Stichwort“ aber auch mit dem Begriff „Freie Suche“ gleichgesetzt. In diesem Fall durchsucht die Suchmaschine die Datenbank nach vielen Kategorien wie „Autorenname“, „(Titel)-Stichwort“, „Schlagwort“ und „Verlagen“. Da es keine allgemeingültige Verwendung des Begriffs „Stichwort“ gibt, sollten Sie sich über die Funktionsweise des Suchsystems informieren.

3. Für eine erfolgreiche Recherche ist es entscheidend, die Suchbegriffe in der *richtigen Schreibweise* einzugeben. Gegebenenfalls muss diese über die Indexfunktion ermittelt werden. Großbuchstaben können klein geschrieben werden, die Schreibweise der Umlaute und des „ß“ sollten ausprobiert werden.

4. Eine Hilfe bietet auch der *Systematische Katalog*, der eine Suche nach sachlich-logischer Anordnung (Philosophie, Theologie u.a.) ermöglicht. Notwendig für diese Art der Recherche ist eine Kenntnis der zugrundeliegenden Systematik. Als Hilfsmittel für die Benutzung des systematischen Katalogs gibt es Übersichten über dessen Aufbau.
Ein vereinfachter Ausschnitt aus einem solchen Katalog ist im folgenden Schema dargestellt:

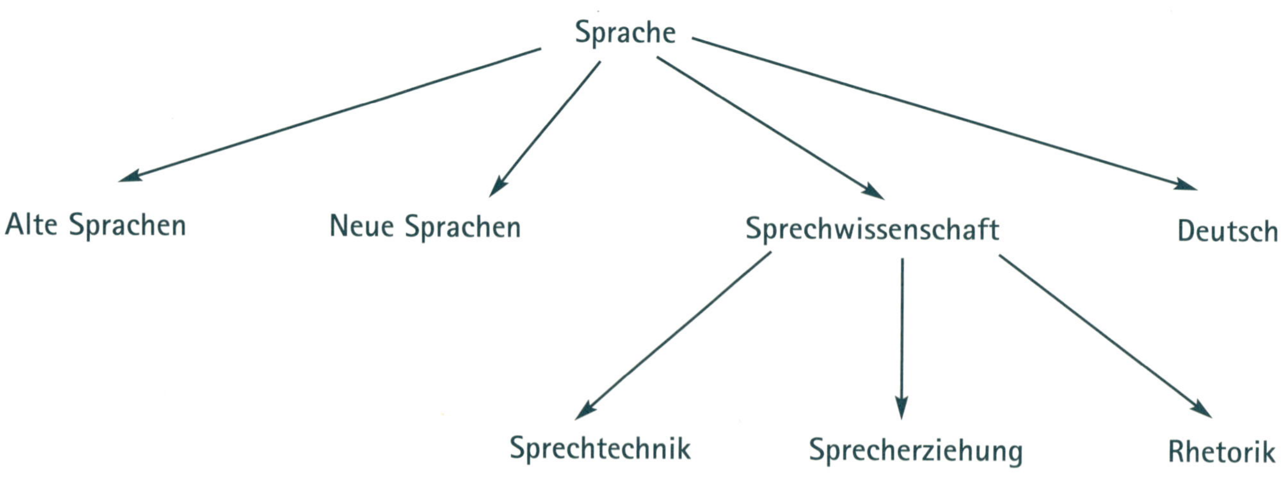

Vereinfachter Ausschnitt aus einem systematischen Katalog.

3.4 Übungen

Sie wollen eine Arbeit zum Film „Casablanca“ verfassen:
1. Formulieren Sie verschiedene Ziele/erkenntnisleitende Fragestellungen (siehe S. 81 ff.) zu Ihrer Arbeit.

____

____

2. Informieren Sie sich in einem (Film-)Lexikon über den Film „Casablanca“. Überlegen Sie sich Suchbegriffe und notieren Sie diese in einer Liste. Ergänzen Sie diese im Laufe Ihrer weiteren Recherche.

____

____

____

3. Suchen Sie nach Literatur, Bildern und Musik zum Film „Casablanca“. Tragen Sie Ihre verwendeten Suchbegriffe in folgender Übersichtsliste ein und notieren Sie nach und nach die Ergebnisse der Internetrecherche:

Suchbegriffe: / Informationsquellen:				
Suchmaschine Ihrer Stadtbibliothek: *www.*				
Suchmaschine Ihrer Universitätsbibliothek: *www.*				
Metasuchmaschine der Bibliotheken: *www.ubka.uni-karlsruhe.de/kvk.html*				
Suchmaschine im Internet: *www.google.de („Erweiterte Suche“)*				
Suchmaschine im Internet: *www.google.de („Verzeichnis“)*				
Suchmaschine im Internet: *www.google.de („Bilder“)*				

4. Speichern Sie vielversprechende Trefferlisten und/oder Texte Ihrer Suche in einem eigenen Ordner.

5. Erstellen Sie ein Literaturprotokoll mit empfehlenswerten Büchern und Internetadressen.

3.5 Die Meinungsumfrage

Meinungsumfragen sind ein beliebtes Instrument der Recherche. Fast täglich erscheinen sie zur Stimmungslage der Nation, zur Beliebtheit von Politikern oder zu bestimmten Themen. Manche *professionellen Umfrageinstitute* bieten Recherchemöglichkeiten in ihren Archiven. Allerdings sind die Umfrageergebnisse oft in einer internen, von außen nicht zugänglichen Datenbank erfasst.

Tipp

- Scheuen Sie sich nicht, Ihre Rechercheanfrage (per E-Mail) an die Institute zu schicken. So sind z.B. die Mitarbeiter des Allensbacher Instituts für Demoskopie bereit, in ihrer internen Datenbank relevante Umfrageergebnisse zu ermitteln.
- Viele Umfrageergebnisse stehen Interessenten kostenfrei zur Verfügung. Themenrelevante Archivexemplare werden von manchen Instituten leihweise verschickt.
- Jahrbücher der Institute können auch in vielen Bibliotheken eingesehen oder ausgeliehen werden.

Einige professionelle Umfrage-Institute und deren Internet-Adressen:

www.dimap.de	Institut für Markt- und Politikforschung
www.forsa.de	Gesellschaft für Sozialforschung und statistische Analysen
www.forschungsgruppewahlen.de	Institut für Wahl- und Marktforschung
www.infas.de	Institut für angewandte Sozialwissenschaft
www.ifd-allensbach.de	Institut für Demoskopie
www.emnid.tnsofres.com	Marktforschungsinstitut
www.destatis.de	Statistisches Bundesamt

Interessant erscheint es auch, eine *eigenständige Meinungsumfrage* durchzuführen: Da es in der Umfrageforschung vor allem um die Erzeugung von zuverlässigen Angaben geht, die auf eine Gesamtheit hochgerechnet werden können, sollte man sich mit der Art auseinandersetzen, wie Fragen gestellt werden müssen und welche Folgen sich aus einer fehlerhaften, wissenschaftlich nicht fundierten Art zu fragen ergeben. Wichtig erscheint auch die genau überlegte Formulierung der vorgegebenen Antwort-Alternativen, die Platzierung und die Abfolge der Fragen im Fragebogen.

Tipp

Achten Sie bei der Verwendung oder bei der Erstellung einer eigenen Umfrage auf die Art der Fragestellung. Die Gefahr eines manipulativen Stils ist dabei groß. Hinweise dazu finden Sie auf S. 86.

Die Teilnehmer an einer Meinungsumfrage sind über den Zweck der Befragung zu informieren. Sie müssen zudem auf die Freiwilligkeit der Mitarbeit und die Verwendung der Angaben ausschließlich in anonymisierter Form hingewiesen werden. Außerdem sollten sich die Auskunftgebenden über den Befragenden oder das betreffende Institut durch die Angabe der Adresse informieren können. Bei jeder Umfrage ist sicher zu stellen, dass Mehrfachteilnahmen ausgeschlossen sind. Die Forderung nach Objektivität kann bei einer privaten Umfrage nur zum Teil erfüllt werden. Auch das Repräsentativkriterium scheint bei einer eigenständigen Umfrage im Rahmen einer Seminararbeit unerfüllbar. Auf dieses Problem sollte in Ihrer Arbeit hingewiesen werden. Erfassen Sie in einer Übersicht die Zahl, das Alter, das Geschlecht, den Bildungsstand der Befragten und den Zeitraum der Umfrage. Bei der Darstellung der Befragungsergebnisse ist auf eine gelungene Visualisierung – z.B. der Prozentangaben in Diagrammen – zu achten (siehe S. 56 ff.).

Tipp

Das Programm „GrafStatWin“ unterstützt alle Schritte für die Arbeit an Befragungsaktionen. Als Freeware kann es unter www.grafstat.de (gefördert durch die Bundeszentrale für politische Bildung) heruntergeladen werden.

Im Rahmen einer Seminararbeit mit dem Thema: „Computerpartys (LAN-Partys) und Gesellschaft“ wurde eine Meinungsumfrage durchgeführt. Der Fragebogen ist nachfolgend im Originaltext dargestellt.

1. *Analysieren Sie die Fragestellung der Umfrage im Hinblick auf den Sprachstil und die Fragetechnik. Bewerten Sie den Inhalt der Fragen.*
2. *Setzen Sie sich mit der Auswertung des Fragebogens auseinander.*
3. *Fassen Sie die wichtigsten Punkte bei der Erstellung und Auswertung von Fragebögen zusammen.*

M Umfrage

Bitte füllt diesen Bogen wahrheitsgemäß aus (ansonsten könnte das ein schlechtes Licht auf uns Zocker werfen). Die Umfrage ist anonym und für die Ausarbeitung einer Seminarkurs-Arbeit gedacht.

Geschlecht:
[ ] männlich [ ] weiblich (wäre schön, wenn da ein paar da wären)

Wie alt bist du:

____

Ich besuche (besuchte) folgende Schule:
[ ] Hauptschule [ ] Realschule [ ] Gymnasium

Ich habe folgenden Abschluss/strebe folgenden Abschluss an:
[ ] Hauptschule [ ] mittlere Reife [ ] Fachabitur [ ] allgemeines Abitur

Ich habe eine Freundin/einen Freund:
[ ] Ja [ ] Nein

Ich komme zur Session, weil (bitte nach Wichtigkeit durchnummerieren; 1 am wichtigsten)
[ ] ich hier Freunde treffe [ ] ich hier schneller zock als im Internet
[ ] ich die neuesten Filme und Progs haben will [ ] ich lieber mit meinen Clan-Kumpels zock als alleine
[ ] ich Probleme hier gut verdrängen kann [ ] ich das Turnier gewinnen will
[ ] ich lieber hier her geh, als mich zu besaufen

Engagierst du dich in Verein, Klub, Jugendpartei o.ä.?
[ ] Ja, in einer Organisation [ ] Ja, in 2-3 Organisationen
[ ] Ja, in mehr als 3 Organisationen [ ] Nein

Jungenz:
Wirst (hast) du verweigern(t) oder Bundeswehr machen (gemacht)?
[ ] verweigern [ ] Bundeswehr
[ ] untauglich

Mädelz:
Hast du dir schon überlegt oder hast du ein freiwilliges Soziales Jahr gemacht
[ ] Klar, das mach ich [ ] Nö, ist mir zu dumm
[ ] Hab ich schon gemacht [ ] Hab mir schon Gedanken gemacht

Wie viel Geld wirst du/hast du auf dieser Session ausgeben/ausgegeben
[ ] 0-10 € [ ] 10 20 €
[ ] mehr als 20 €

Bei dem dicken Orga abgeben bitte!
Danke ihr helft mir und dem Ansehen der Zockerz

Die Auswertung der Fragebögen erfolgte in der Arbeit an verschiedenen Stellen:

Seite 9:
„Der typische Spieler, so ergab eine von mir durchgeführte Umfrage, ist 17 Jahre alt, Gymnasiast, bringt sich in 2-3 Vereinen, Organisationen oder Jugendparteien aktiv ein und ist Wehrdienstverweigerer. Also genau das Gegenteil dessen, was man in Vorurteilen hört. (...)“

Seite 18:
„Zu den Motivationen, aus denen Besucher auf solche Events gehen, habe ich ein Diagramm nach Ergebnissen meiner Umfrage angefertigt...

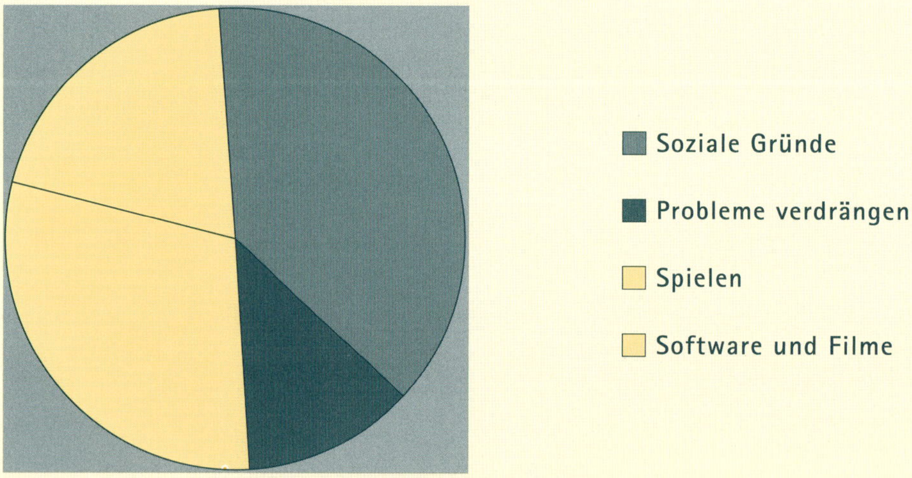

Die Werte dieses Diagramms entnahm ich meiner Umfrage. Das Diagramm beruht auf Stimmen, die von Befragten einzelnen Antworten zugeordnet wurden. Ergebnisse einzelner Antworten wurden sinnvoll zusammengefasst.

Durch dieses Diagramm ist also eindeutig ersichtlich, dass vor allem soziale Gründe den Besucher motivieren eine Netzwerk-Party zu besuchen.“

3.6 Das Interview

Ein Interview ist mehr als nur das Abhaken vorbereiteter Fragen. Gute Interviews zu führen ist eine Kunst, die erlernt werden kann. In der *Vorbereitungsphase* ist zu klären, wann das Interview stattfinden, wo es geführt und wie es dokumentiert werden soll. Auch die technische Ausrüstung muss eingeplant werden. Sprechen Sie dies mit Ihrem Interviewpartner ab.

Überprüfen Sie vor dem Interview die Ausrüstung:

- Sind genügend Ton- und/oder Bildträger vorhanden?
- Sind das Mikrofon und das Aufnahmegerät funktionstüchtig?
- Kennen Sie die Funktionsweise der Geräte?

Beschaffen Sie sich Informationen (Internetauftritt, Geschäftsbericht) über Ihren Interviewpartner und die jeweilige Institution. Vor jedem Interview muss klar ein Ziel, ein Aussagewunsch formuliert werden. Es gilt, sich in die Thematik einzuarbeiten. Je mehr Sie dies in der Vorbereitungsphase tun, desto fundierter können Sie das Interview führen.

Tipp

- Telefonieren Sie mit Ihrem Interviewpartner. Ein Vorgespräch macht die wichtigen Fragen bewusster.
- Informieren Sie den Gesprächspartner über das Thema und die Fragen.

Die Fragen sind kurz und offen zu formulieren. Geschlossene Fragen können mit wenigen Worten, meistens mit „ja" oder „nein" beantwortet werden. Beispiel: Auf die Frage „Wurden Sie belästigt?" werden Sie oft ein kurzes „ja" oder „nein" erhalten. Eine offene Frage dagegen lautet: „Wie haben Sie dieses Vorgehen empfunden?" oder „Weshalb haben Sie sich belästigt gefühlt?" Beim Formulieren der Fragen und des Entwurfs sollten Sie sich bereits mögliche Antwort-Alternativen des Interviewpartners überlegen und vorformulieren.

Tipp

- Gibt der Interviewte immer wieder kurze Antworten, dann formulieren Sie „W"-Fragen (Wer, Wo, Was, Wann, Wie, Warum, Woher?). Diese können nicht mit „ja" oder „nein" beantwortet werden.
- Formulieren Sie kurze Fragen.
- Stellen Sie immer nur eine Frage.
- Sagen Sie nie: „Letzte Frage ...".
- Halten Sie sich als Fragesteller im Hintergrund.

Wichtig ist eine einleitende Frage, die es dem Gegenüber ermöglicht, sich auf die Interviewsituation einzustellen und in den Redefluss zu finden. Stellen Sie daher unproblematische Fragen zuerst, emotionale oder kritische sollten erst nach einer Eingewöhnungsphase folgen. Lassen Sie sich im eigentlichen Interview Zeit und sortieren Sie in aller Ruhe Ihre Notizen und Gedanken – das beruhigt.

Tipp

Geben Sie dem Gegenüber Zeit, denn die Antworten müssen überlegt und formuliert werden. Hören Sie sich die Antworten genau an. Falls der Partner ausweichend antwortet, kann die gleiche Frage in abgeänderter Form nochmals gestellt werden.
Vor einer Veröffentlichung sollte die Dokumentation oder Mitschrift des Interviews dem Partner vorgelegt und seine Zustimmung eingeholt werden.

3.7 Alles klar?

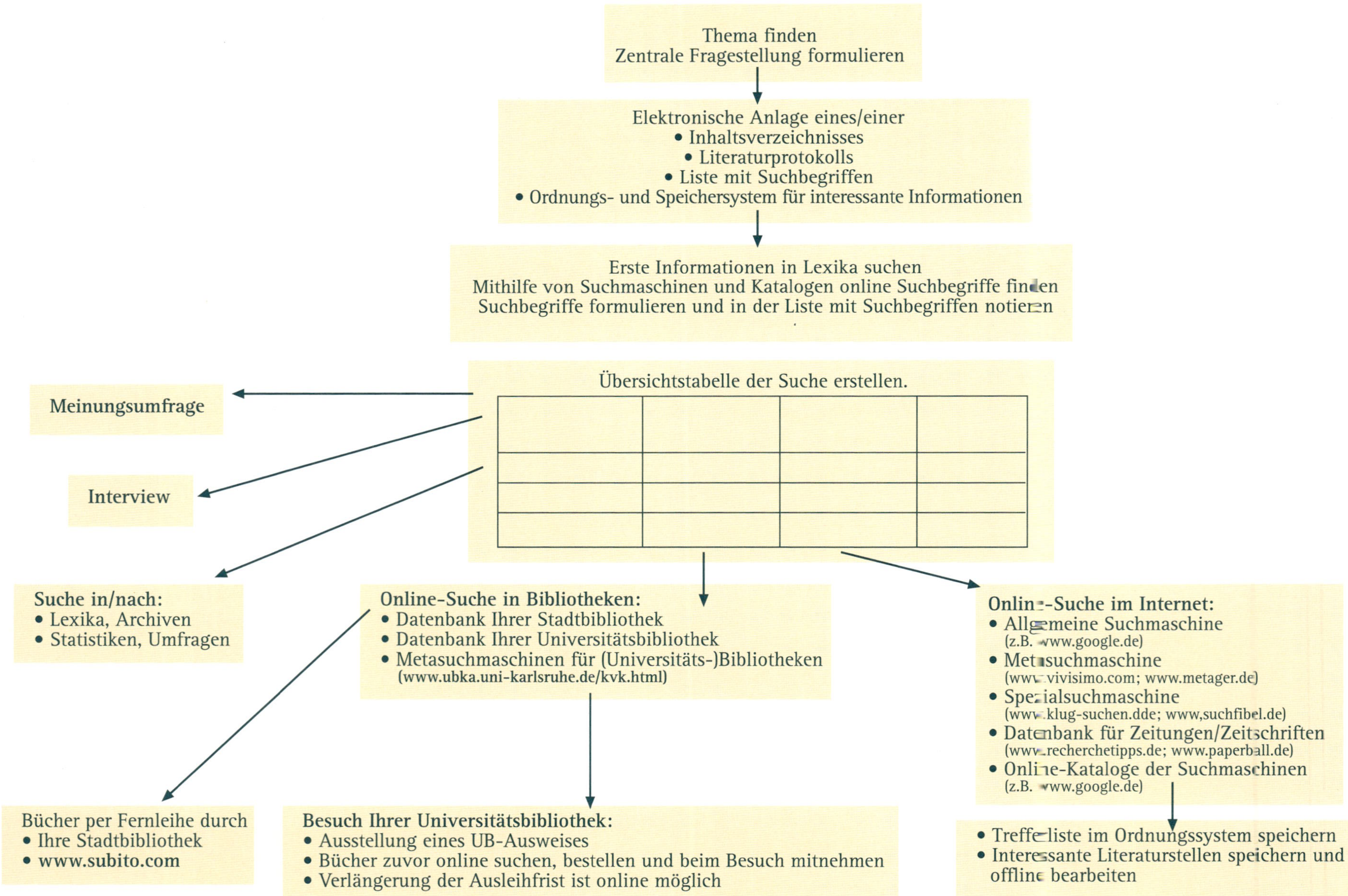

4 Präsentation

> *Nimm den Zuhörern die Möglichkeit, dir nicht zuzuhören.*

Existiert hinter dieser wohl gemeinten Aufforderung mehr als eine zwar wünschenswerte, im Grunde aber doch unerreichbare Idealvorstellung? Um diese Frage zu klären, müssen Sie sich zunächst einmal vor Augen führen, was eine Präsentation ausmacht.

Eine Präsentation ist vergleichbar mit einem Rockkonzert: Die Musiker sind die Vortragenden, die Bühne stellt den Präsentationsraum dar und die Requisiten stehen für die eingesetzten Medien. Wie in der Welt der Unterhaltung kommt jetzt dem Kontakt zum Publikum eine sehr große Bedeutung zu. Deshalb ist eine Präsentation zuallererst ein Kommunikationsprozess, das heißt alles, was der Vortragende seinem Publikum darbietet, sollte an den Bedürfnissen der Zuhörer orientiert sein. Dies gilt sowohl für die emotionalen als auch für die geistigen Bedürfnisse der Menschen, die Ihrem Vortrag zuhören. Eine Präsentation ist dann erfolgreich, wenn es ihr gelingt die Gefühls- und die Sachebene ausgewogen aufeinander abzustimmen. In diesem Fall spricht man von einer *dualen Präsentation.* Unter dieser Voraussetzung stehen die Chancen gut, dass Sie dem Publikum die Möglichkeit nehmen, Ihnen nicht zuzuhören. Noch etwas: Informieren Sie sich, wer Ihr Publikum ist und machen Sie sich Gedanken darüber, was Ihre Zuhörer interessieren könnte.

Allerdings: Es gibt kein Patentrezept. Sie müssen – ähnlich wie Musiker bei ihren Bühnenshows – Ihren eigenen individuellen Stil entwickeln, der zu Ihnen passt. Die Rücksichtnahme auf das Publikum macht es auch erforderlich, dass Sie authentisch wirken, denn eines steht fest: Sie sind der Mittelpunkt der Präsentation. Die Menschen wollen Ihre Persönlichkeit erleben und nicht etwa die Leistungsstärke eines Beamers oder die Leuchtkraft eines Overheadprojektors.

Um die Ergebnisse von Team- oder Einzelarbeit vorzustellen, stehen unterschiedliche Formen mediengestützter Vorträge zur Verfügung, mit denen Sie Ihr Publikum informieren und überzeugen können:

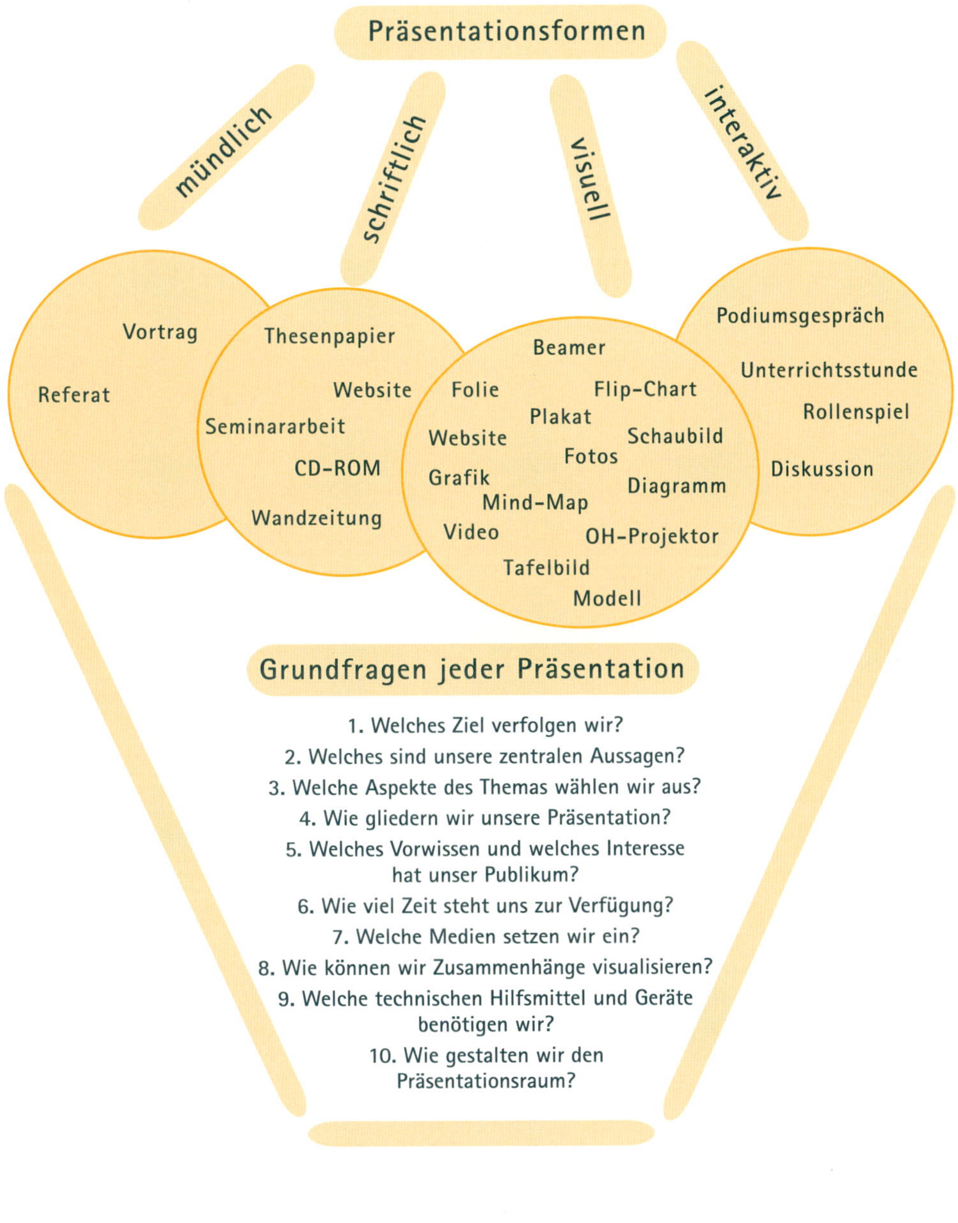

Ob Sie mit Ihrer Präsentation erfolgreich sind, hängt ganz entscheidend von der Vorbereitung ab, denn an keiner anderen Stelle können Sie so effektiv Einfluss auf das Gelingen Ihres Vorhabens nehmen – oder auf den Misserfolg.

Folgende Stützpfeiler einer Präsentation sind zu berücksichtigen:

Zeitmanagement:
- Planen Sie für die Form Ihrer Präsentation 50% Ihrer Zeit ein, die anderen 50% widmen Sie dem Inhalt.

Thema und Ziel:
- Zwischen Thema und Zielsetzung müssen Sie klar unterscheiden. Setzen Sie sich nur realistische Ziele.

Zielgruppe:
- Bedenken Sie Gesamtzahl, Alter, Vorwissen, Interessenlage und Einstellungen Ihrer Zuhörer.

Inhalt:
- Sammeln Sie Informationen und reduzieren Sie den Stoff zielorientiert auf das Wesentliche.
- Legen Sie den Redeaufbau im Hinblick auf Inhalte, Zielsetzungen und die Zielgruppe fest.
- Überlegen Sie, welche ausgewählten Inhalte Sie visualisieren möchten.

Organisation:
- Machen Sie sich mit den Gegebenheiten des Präsentationsraumes vertraut (Größe, Lichtverhältnisse, Bestuhlung, technische Möglichkeiten).
- Planen Sie den Medieneinsatz und bereiten Sie ihn vor.
- Beachten Sie die zur Verfügung stehende Zeit.

Generalprobe:
- Führen Sie immer eine Generalprobe Ihrer Präsentation durch (wenn möglich am Originalschauplatz).

4.1 Praktische Rhetorik

> *Nichts ist im Geiste, was nicht zuvor in den Sinnen war.*
> *(John Locke)*

Die Redefertigkeit ist ein wichtiger Grundstein, auf dem Sie das Gebäude Ihrer Präsentation errichten können. Seine Tragfähigkeit hängt entscheidend davon ab, ob es Ihnen gelingt – gemäß der These von Locke – ein sinnliches Erlebnis hervorzurufen. Erfolgreich werden Sie dann sein, wenn Sie sich stets vor Augen halten, dass Ihr Sprechen immer für andere Menschen bestimmt ist, Reden also eine soziale Handlung darstellt. Das Publikum wird es Ihnen mit Aufmerksamkeit und Wohlwollen danken.
Ausgehend von diesen Grundüberlegungen kommt es darauf an, Ihre Artikulationsweise, Ihre Redegeschwindigkeit, Ihren körpersprachlichen Ausdruck, aber auch die inhaltliche Strukturierung Ihres Vortrags sowie dessen sprachliche Gestaltung an den Bedürfnissen der Zuhörerschaft zu orientieren. Dabei ist wichtig, dass Sie es den Adressaten Ihrer Präsentation ermöglichen, Ihnen ohne großen Energieaufwand zu folgen und ihnen einen spannenden – vielleicht sogar überraschungsreichen – Vortrag bieten.
Machen Sie sich jetzt auf den Weg zum freien Sprechen, indem Sie den Rhetorikkurs konzentriert angehen und die einzelnen Übungen stetig wiederholen, denn eines steht außer Zweifel: Reden lernt man nur durch Reden.

Auflockerung

Eine gewisse Lockerheit ist eine wichtige Voraussetzung, um bei einer Präsentation souverän und überzeugend zu wirken. Natürlich werden Sie nicht immer ohne Lampenfieber vor ein Publikum treten, aber das sollen Sie auch nicht. Vielmehr kommt es darauf an, die damit verbundenen Angstgefühle in positive Energie umzuwandeln. Wenn Sie Ihre Präsentation im Zustand freudiger Erregung beginnen, können Sie zusätzliche Energie mobilisieren. Diese motiviert wiederum Ihre Zuhörer.
Die folgenden Übungen zeigen Ihnen Wege, wie Sie die natürliche Scheu, sich vor anderen zu präsentieren, verringern können. Sie helfen Ihnen auch einen mühelosen Einstieg in die nachfolgende Rhetorikeinheit zu finden. Um die Übungen ungehindert durchführen zu können, räumen Sie alle Tische und Stühle beiseite.

Körper und Raum

1. *Gehen Sie im Klassenzimmer umher und verändern Sie währenddessen Ihren Ausdruck. Sie können dabei in die Luft schnuppern, die Nase rümpfen, die Augen zusammenkneifen/aufreißen, groß/klein/breit/schmal werden oder Ihre Gangart wechseln (auf Zehenspitzen, Hacken, Innen-/Außenrist).*
2. *Auf ein akustisches Signal, das Ihr Kursleiter gibt, begrüßen Sie sich gegenseitig förmlich, indem Sie sich die Hände schütteln und Name, Alter und Adresse nennen. Begrüßen Sie bis zum nächsten Signal möglichst viele der Kursteilnehmer.*
3. *Beim folgenden Signal wiederholen Sie die vorhergehende Übung, heben aber beim Begrüßen das rechte Bein an und schütteln sich die Hände unter Ihrem angewinkelten Knie hindurch.*

Wenn Sie diese Übungen einmal unter Anleitung gemacht haben, können Sie sie leicht selbstständig wiederholen. Bestimmen Sie einen Kursteilnehmer zum Moderator und folgen Sie dessen Anleitung.

Partnerpantomime

1. *Finden Sie durch Blickkontakt einen Partner und bleiben Sie voreinander stehen.*
2. *Stellen Sie die folgenden Tätigkeiten pantomimisch dar: Bettlaken zusammenlegen, fechten, Tennis spielen. Suchen Sie weitere Beispiele.*

Vertrauen haben

1. *Finden Sie paarweise zusammen und bleiben Sie voreinander stehen. Ein Partner schließt die Augen, wobei er beide Hände in die seines Gegenübers legt. Der sehende Partner führt ohne Kollision mit den anderen Paaren den „Blinden" durch den Raum.*
2. *Führen Sie die Übung mit vertauschten Rollen durch.*

Begrüßung einmal anders

1. *Wählen Sie einen der folgenden Sätze aus und lernen Sie ihn auswendig. Sie haben eine Minute Zeit.*
2. *Bestimmen Sie einen Signalgeber.*
3. *Gehen Sie im Klassenzimmer umher. Begrüßen Sie auf ein Zeichen des Signalgebers einen ihrer Mitschüler per Handschlag und sagen Sie Ihren Satz. Danach hören Sie sich den Satz Ihres Partners an.*
4. *Gehen Sie weiter und begrüßen Sie nach dem nächsten Signal andere Mitschüler in gleicher Weise.*

M Die Begrüßungssätze

a. Keine Panik, Brüder und Schwestern! Ich bin bei euch.
b. Oje zu dumm! Ihr findet's toll, in dieser Clownskluft durch die Botanik zu turnen.
c. Tja, wer nicht zusieht, dass er pünktlich ist, muss eben zusehen, wie er das Nachsehen hat.*
d. Seid gewarnt, wer auch immer! Mein Hasso hat noch jeden Drückeberger erschnuppert.*
e. Alarm, Alarm! Zur Wehr, ihr Kämpen! Dort von den Hügeln zieht der Feind heran in wahren Heerscharen.*
f. Walzt nieder, was sich wehrt und windet! Fegt sie hinweg von Wald und Flur.*
g. Der Feind hat sich mit Dämonen verbündet! Für dieses Mal ist siegen unsere Sache nicht. Flieht!*
h. Bist du des Wahnsinns wilder Fackelträger? Weiche von mir, du Herold des Entsetzens.
i. Und wenn das Füllen anfängt zu flattern, haben wir das Nachsehen.
j. Schnurstracks voraus in die Wanne, wie geplant.
k. Mich narren närrische Träume nächtens. Ich träume von triefenden Trampeltieren.
l. Glück ist eine Gabe der launischen Götter. Man kann es weder kaufen noch verkaufen.
m. Holt die Feuerwehr, schüttet Sandsäcke auf, hebt Gräben aus, rettet die Stadt.
n. Mein Schätzlein wird bei mir sein, das ist so fein, da könnt ich schrein.**

Quellen: * Micky Maus Nr. 32 vom 29.07.2003
**dito Nr. 30 vom 15.07.2003

Feedback

Unter Feedback versteht man die Rückmeldung, die jemandem zeigt, wie er auf Gesprächspartner wirkt, was er bei anderen auslöst. Man kann daraus Rückschlüsse auf sich selbst, auf seine Persönlichkeit ziehen. So ist es möglich, sich der eigenen Verhaltensweisen bewusst zu werden und einschätzen zu lernen, wie das eigene Verhalten auf andere wirkt. Das Feedback ist deshalb wichtig, wenn man sich in seinen Rede-, Präsentations- und Kommunikationsfertigkeiten verbessern möchte: Es vermag einem genau zu sagen, was bereits sehr gut gemacht wird, was zu verbessern und was zu vermeiden ist.

Feedback ist also ein unverzichtbares Instrument, um seine rhetorischen Fertigkeiten zu optimieren. Wenn Sie ein Feedback geben oder eines bekommen, sollten Sie jedoch einige Regeln beachten, da sonst die positive Wirkung verpufft. Ganz wichtig ist, dass Sie das Wort Kritik nicht negativ auffassen. Gewöhnen Sie sich an, auch negative Kritik positiv aufzunehmen und davon zu profitieren.

Regeln für das GEBEN von Feedback	Regeln für das ANNEHMEN von Feedback
• Senden Sie Ich-Botschaften. • Geben Sie das Feedback unmittelbar sofort nach dem Ende des Vortrags/der Übung. • Seien Sie präzise. Verallgemeinern und pauschalisieren Sie nicht. • Loben Sie, bevor Sie Verbesserungsvorschläge machen. • Gehen Sie bei Ihrer Kritik behutsam vor, aber sagen Sie dennoch, was Sie sehen und denken. • Sprechen Sie das Feedback deutlich aus, vergessen Sie keine Punkte. • Formulieren Sie Ihre Kritik beschreibend, nicht wertend. Verletzen Sie niemanden. • Nennen Sie in einer ICH-Botschaft nicht was schlecht ist, sondern was verbessert werden kann.	• Betrachten Sie Kritik nicht negativ. Sie können Kritik in jedem Fall konstruktiv für Ihr persönliches Training einsetzen. • Lassen Sie Ihren Gesprächspartner unbedingt aussprechen. • Verteidigen Sie sich nicht und stellen Sie nichts klar. • Bedanken Sie sich für das Feedback.

Und noch etwas:

- Vermeiden Sie es, sich durch unqualifiziertes Feedback Feinde zu schaffen.
- Setzen Sie Feedback nie um persönlicher Vorteile willen ein.
- Feedback muss konstruktiv sein.

Redetechnik

Nicht allein das, was Sie sagen, sondern auch die Art und Weise, wie Sie dem Publikum Ihre Gedanken vermitteln, ist wichtig. Beherrschen Sie grundlegende Elemente der Rhetorik, so fällt es Ihnen nämlich leichter, die Zuhörer für sich zu gewinnen. Die erfolgversprechenden technischen Fertigkeiten sind erlernbar. Hier gilt – wie bei vielen Dingen – der Grundsatz: üben, üben, üben ...

Mit Ihrer Stimme können Sie die Wirkung, die Sie bei Ihrem Publikum erreichen wollen, ganz wesentlich beeinflussen. Je nachdem, ob Sie deutlich oder undeutlich, laut, leise, schnell oder langsam sprechen und dabei Pausen machen beziehungsweise darauf verzichten, wird die Reaktion der Zuhörer anders ausfallen. Die Rücksichtnahme auf die Bedürfnisse des Publikums macht es selbstverständlich, dass Sie klar artikulieren, den Zuhörern nicht zuflüstern, sie aber auch nicht anbrüllen, in einem angemessenen Tempo reden und gelegentlich – an sinnvollen Stellen – innehalten.

Diese Grundforderungen dürfen Sie aber nicht dazu verleiten, Ihre Gedanken monoton herunter zu leiern. Ganz im Gegenteil! Durch den geschickten Einsatz der stimmlichen Ausdruckskraft, einen passenden Wechsel der Sprachmelodie sowie durch eine lebendige und anschauliche Sprache ist es möglich, die nachhaltige Wirkung Ihrer Präsentation zu verstärken.

Bei den ersten beiden Arbeitsbereichen („Artikulation und Lautstärke" und „Geschwindigkeit und Pause") steht die Rücksichtnahme auf das Publikum im Zentrum, bei den anderen Abschnitten („Ausdruckskraft und Modulation" und „Lebendigkeit und Anschaulichkeit") lernen Sie Ihre Persönlichkeit effektvoll in Szene zu setzen.

■ Artikulation und Lautstärke

1. *Setzen Sie sich zu zweit zusammen und sprechen Sie sich die folgenden Begriffe vor. Achten Sie dabei genau auf die Mundbewegungen Ihres Gegenübers.*
2. *Tauschen Sie Ihre Beobachtungen aus.*

M Den Mund öffnen

Tafel	sagen
Rede	beobachten
Bild	visualisieren
Folie	formulieren
Publikum	suchen

1. *Suchen Sie sich einen Text aus dem folgendem Material und üben Sie ihn ca. zehn Minuten lang für einen lebendigen Vortrag ein.*
2. *Präsentieren Sie Ihr Ergebnis vor dem Kurs und vergleichen Sie Ihre Artikulation.*
3. *Üben Sie das Vortragen der Texte mit Ihrer Gruppe im Freien.*

M Den Mund öffnen und laut sprechen

Drr Meulworrf
Meulworrf, Meulworrf, tumbis Thüür,
kimm oss dinem Luchch harvür!
Ontur pfleigeleuchtn Rusn
tschäuffulzt tu mütt diner Nusn,
norr, darmütt wür dönn varzwauffuln
onn dn pleudn Meulworrf-Hauffuln.
Woißzt tu, woss ulz Thür tu büßßt?
Jarr, - oin Tärrur -, Tarrurrüßßt!
Duchch mütt oinur Geifftpatreunen
ward ück's dür tschonn appgeweunen!

Arramsuhl
Arramsuhl, di Arramsuhl,
üszt oin schwurrtzer Zinkpfeugul;
pfleutit, wann dr Freulinck gommt,
büßß ümm Harpzt si dönn varstommnt.
Arch, wi pfüllte ück müch wühlen,
wärren Munschen Arramsuhlen

Di Tschneupfn
Tschnipfe tschnapf, di Tschnu, di Tschneupfn,
duhn dorch pfuichde Wusn heupfn.
Cickkurn, gackkurn ont ze pöckken
üßt drr Tschneupfe heuchstis Glöckckn.
Sarggst tu »Tschneupfe« ze nnr Pfrauwen,
kreigstde wusz omm Kupff gehauwen.

Fabul
N Reigenworrm, n Reigenworrm
kraucht unn drr donckleen Arrdn,
lungckveilt such durt guntz annorrm,
wüll wosz baßßres wardn, -
dönckt onn Ceuthe, sargt: Mööhr Leucht!
Darr worr's omm ühn getscheihen,
oin Schturch ühm oss drr Arrdn zeucht,
ont dutt ühm nunn vardäuhen.

Matthias Koeppel: Koeppels Tierleben. In Starckdeutsch, Frankfurt am Main 1995, S. 28, 45, 49, 68

■ Geschwindigkeit und Pausen

M Schnellsprechsätze

Es klapperten die Klapperschlangen, bis ihre Klappern schlapper klangen.

Es kann vorkommen, dass die Nachkommen mit dem Einkommen nicht auskommen und daran umkommen.

Kleiner Zwerg schießt schwarzes Schwein, schwarzes Schwein schießt kleiner Zwerg.

Der Zweck hat den Zweck, den Zweck zu bezwecken; wenn der Zweck seinen Zweck nicht bezweckt, hat der Zweck keinen Zweck.

Der Leutnant von Leuthen befahl seinen Leuten, nicht eher zu läuten, bis der Leutnant von Leuthen seinen Leuten das Läuten befahl.

1. *Trainieren Sie die Beweglichkeit Ihrer Zunge, indem Sie die Sätze zuerst langsam und dann immer schneller sprechen.*
2. *Nehmen Sie einen Flaschenkorken in den Mund und halten Sie ihn mit den Schneidezähnen fest. Sprechen Sie jetzt die Sätze möglichst schnell und klar.*
3. *Wiederholen Sie diese Übung mit Ihren Kursmitgliedern im Freien. Stellen Sie sich dazu in einem Kreis mit ca. 40 Meter Durchmesser auf.*

1. *Lesen Sie den folgenden Text durch.*
2. *Markieren Sie mit einem Bleistift die Stellen im Text, an denen Sie eine sinnverstärkende Pause setzen wollen.*
3. *Tragen Sie Ihren markierten Text vor und diskutieren Sie in Ihrer Lerngruppe die verschiedenen Varianten.*

M Mach mal Pause

Die gekonnte Rednerin oder der gewiefte Redner zeichnen sich dadurch aus, dass sie Pausen wirkungsvoll einzusetzen wissen. Pausen setzen heißt, das Lampenfieber überwunden zu haben und eine sinnvolle Atemtechnik zu beherrschen. Viele Personen, die Lampenfieber haben, sprechen Pausen-los, da sie die Stille nicht ertragen.
Pausen einlegen oder schweigen können zeigt Stärke – und nicht Schwäche, wie wir gemeinhin annehmen. Es beweist, dass Sie sich dem Erwartungsdruck Ihrer Zuhörer nicht zu unterwerfen brauchen. Nur ein ängstlicher Redner spricht unentwegt oder überbrückt eine Denkpause beispielsweise mit Füllwörtern wie „äh" oder „ähm".
Pausen bringen für die sprechende Person sowie für Zuhörerinnen und Zuhörer Vorteile. Sie bieten der Rednerin oder dem Redner Gelegenheit, Luft zu holen und gegebenenfalls einen Blick auf Manuskript oder Stichwortkarten zu werfen. Dem Publikum geben die Pausen Gelegenheit, das Gesagte zu überdenken. Die Pause erzeugt zusätzliche Spannung, wenn sie vor der zentralen Aussage eingeschaltet wird. Eine Wirkungspause nach der zentralen Aussage lässt deren Gewichtigkeit für einen Augenblick im Raum stehen. So prägt sie sich ein, „hallt" in den Ohren der Zuhörer „nach". Darüber hinaus dienen Pausen zur Trennung von Abschnitten oder Aufzählungspunkten, was den Referenten auch Zeit zum Atemholen bietet.

Jürg Studer, Rhetorik. Redner-Training kurz gefasst. Niedernhausen/Ts. 1998, S. 17

■ Ausdruckskraft und Modulation

Artikulieren Sie die einzelnen Zahlen so, dass Sie dabei eine der folgenden inneren Haltungen zum Ausdruck bringen: Wut – Arroganz – Trauer – Begeisterung – Unterwürfigkeit – Gleichgültigkeit – Verachtung – Hilflosigkeit.

M Zahlenkolonnen

77902	43002	16368	8
14430	26	30468	892
7461	33171	806	2011
22061	37275	30438	219
31282	11	91294	864455
77851	573	2	3927
5	204	8577	75557
312	0039	37652	406269
414	1	614	801
1297	482056	4299	0190

1. *Lesen Sie das Gedicht mehrmals für sich durch und bereiten Sie eine Rezitation vor, bei der Sie Ihrem stimmlichen Ausdruck besondere Beachtung schenken.*
2. *Machen Sie sich dabei die Worte klar, die besonders hervorgehoben werden müssen und unterstreichen Sie diese.*
3. *Tragen Sie den Text vor den Kursmitgliedern vor und diskutieren Sie die unterschiedlichen Varianten.*

M „Was denkt die Maus?"

Was denkt die Maus am Donnerstag,
am Donnerstag,
am Donnerstag?

Dasselbe wie an jedem Tag,
an jedem Tag,
an jedem Tag.

Was denkt die Maus an jedem Tag,
am Dienstag, Mittwoch, Donnerstag
und jeden Tag,
und jeden Tag?

O hätte ich ein Wurstebrot
mit ganz viel Wurst
und wenig Brot!

O fände ich, zu meinem Glück,
ein riesengroßes Schinkenstück!
Das gäbe Saft,
das gäbe Kraft!
Da wär ich bald nicht mehr mäuschenklein,
da würd' ich bald groß wie ein Ochse sein.
Doch wäre ich erst so groß wie ein Stier,
dann würde ein tapferer Held aus mir.
Das wäre herrlich,
das wäre recht -
und der Katze,
der Katze
ginge es schlecht!

Josef Guggenmoos, Was denkt die Maus am Donnerstag? München 1992, S. 106

■ Lebendigkeit und Anschaulichkeit

Notieren Sie pro Zeile die Assoziation, die Ihnen spontan einfällt, und vergleichen Sie Ihre Ergebnisse miteinander.

M Die Kunst des Vergleichens

1. Dieses Thema ist so spannend wie ...
2. Das Ergebnis ist so beeindruckend wie ...
3. Das ist für uns so wichtig wie ...
4. Einer unserer Lehrer reagiert grundsätzlich so schnell wie ...
5 Ihre Redefähigkeit ist so berühmt wie ...
6. Das lehne ich genauso ab wie ...
7. Der Erfolg meiner Arbeit ist so sicher wie ...
8. Die Voraussetzungen sind so deutlich wie ...
9. Unser Auftreten ist so professionell wie ...
10. Die Schlussfolgerungen sind so klar wie ...

Erarbeiten Sie einen kurzen Vortrag über den Begriff „Osmose“. Achten Sie dabei vor allem darauf, dass Sie Ihrem Publikum den Sachverhalt in einer möglichst lebendigen und anschaulichen Weise nahe bringen.

M Lebendiger Lexikonartikel

Osmose, der Durchtritt von Flüssigkeitsmolekülen durch halbdurchlässige *(semipermeable)* Wände, wie durch gebrannten Ton, Pergament oder Zellwände von lebenden Organismen. Bei Lösungen ist die Wand nur für Moleküle des Lösungsmittels, nicht aber für die des gelösten Stoffes durchlässig. Besteht die Wand also zw. zwei verschieden starken Lösungen oder zw. einer Lösung und einer reinen Flüssigkeit, so findet eine Konzentrationsverminderung der stärkeren Lösung statt. Zw. reinen Flüssigkeiten, z.B. Wasser und Alkohol, kann die O. je nach Art der Trennwand in der einen oder der anderen Richtung erfolgen. Setzt man eine konzentrierte Lösung in einem halbdurchlässigen Gefäß so in eine verdünnte Lösung, dass das Flüssigkeitsniveau in beiden Behältern anfänglich gleich ist, so beobachtet man ein Ansteigen der Flüssigkeit in der konzentrierteren Lösung bis zu einem bestimmten Grenzwert: der diesem Niveauunterschied entspr. Überdruck heißt *osmotischer Druck*. Die Gesetze der O. wurden von van' t Hoff aufgestellt: die gelösten Moleküle verhalten sich wie die Moleküle eines idealen Gases; dadurch lässt sich z. B. ihr Molekulargewicht bestimmen. O. spielt eine große Rolle im pflanzl. und tier. Stoffwechsel.

Das neue Fischer Lexikon in Farbe, Band 7, Frankfurt/Main 1981, S. 4505 f.

Tipp

Formulieren Sie kurze Sätze. Die Zuhörer können Ihnen dann besser folgen.

Das richtige Wort finden

Sie wollen etwas ganz Bestimmtes sagen, finden aber nicht das richtige Wort. Diese peinliche Situation haben Sie sicherlich schon bei vielerlei privaten oder schulischen Begebenheiten erlebt. Den Umgang mit der Sprache gilt es also genauso zu trainieren wie die anderen rhetorischen Bereiche, damit Sie beim Formulieren sicherer werden und bei Präsentationen nicht nach Worten ringen müssen. Übrigens: Schon die antiken Redner folgten dem Leitspruch „variatio delectat” und brachten so zum Ausdruck, dass derjenige, der über einen großen Wortschatz verfügt, sein Publikum auch durch eine abwechslungsreiche Sprache fesselt.

Synonyme sind Worte mit gleicher oder ähnlicher Bedeutung. Durch sie lässt sich ein Text stilistisch abwechslungsreich gestalten.

Aus den folgenden Ausdrücken lassen sich fünfzehn Synonympakete mit jeweils drei Begriffen schnüren. Fassen Sie diese Wörter zusammen.

M Synonympakete

1. hell	2. pünktlich	3. schnell	4. erquicklich	5. gesund
6. souverän	7. lukrativ	8. begehbar	9. eloquent	10. offen
11. düster	12. partnerschaftlich	13. einfallsreich	14. blank	15. munter
16. wohlauf	17. beredt	18. systematisch	19. fehlerlos	20. wahr
21. rasch	22. miteinander	23. vorteilhaft	24. dunkel	25. bequem
26. genau	27. zielbewusst	28. vollkommen	29. sicher	30. nützlich
31. kreativ	32. planvoll	33. gemeinsam	34. augenblicklich	35. exakt
36. finster	37. unverrückbar	38. angenehm	39. ungebunden	40. rein
41. zugänglich	42. wortgewandt	43. meisterlich	44. schöpferisch	45. selbstverantwortlich

Paket 1: _______	Paket 2: _______	Paket 3: _______	Paket 4: _______	Paket 5: _______
Paket 6: _______	Paket 7: _______	Paket 8: _______	Paket 9: _______	Paket 10: _______
Paket 11: _______	Paket 12: _______	Paket 13: _______	Paket 14: _______	Paket 15: _______

Ein Antonym ist ein Wort, das zu einem anderen in Bezug auf die Bedeutung gegensätzlich ist.

1. *Zu jedem der ersten fünf Begriffe in der linken Spalte existieren Antonyme in der rechten. Tragen Sie die zugehörigen Buchstaben in die Kästchen ein.*
2. *Suchen Sie zu den restlichen Ausdrücken passende Antonyme.*

M Antonyme

1. ☐ fertig	A: stumm
2. ☐ Arbeit	B: Antwort
3. ☐ gesprächig	C: Freizeit
4. ☐ Erkenntnis	D: unvollendet
5. ☐ Fragestellung	E: Verständnislosigkeit
6. schriftlich	....
7. motiviert	....
8. anschaulich	....
9. manipulativ	....
10. gemeinschaftlich	....
11. helfen	....
12. Einleitung	....

Suchen Sie jeweils den Begriff, der nicht in die einzelnen Zeilen passt.

M Ausreißer

	A	B	C	D	E
1	Präsentieren	Vorstellen	Aufhängen	Vorführen	Zeigen
2	Recherchieren	Rätseln	Suchen	Befragen	Ergründen
3	Planen	Projektieren	Skizzieren	Konzipieren	Phantasieren
4	Vorhaben	Thema	Stoff	Gebiet	Gegenstand
5	Konzept	Stoffsammlung	Entwurf	Vorsatz	Gliederung
6	Team	Fach	Gruppe	Trio	Kreis
7	Aufgeregt	Nervös	Enthusiastisch	Unruhig	Zappelig
8	Klar	Systematisch	Zugespitzt	Logisch	Nachvollziehbar
9	Nützlich	Kompetent	Fähig	Wissend	Sachkundig
10	Nachhaltig	Intensiv	Gründlich	Durchdringend	Kompromisslos

Vervollständigen Sie den angefangenen Satz mit einem der vorgeschlagenen Begriffe und begründen Sie Ihre Entscheidung.

M Relationen

1. Visualisieren verhält sich zu Auge wie sprechen zu...

a. anwählen
b. Rhetorik
c. Gehör
d. üben

2. Fragestellung verhält sich zu Einleitung wie Ohröffner zu.......................................

a. Vorwort
b. Redeanfang
c. Vorwort
d. Begrüßung

1. *Vervollständigen Sie die Wortfragmente, die sich aus dem Begriff „Seminarkurs“ ergeben haben. Sie dürfen jeweils nur die Buchstaben verwenden, die in diesem Wort vorkommen und auch nur in der entsprechenden Anzahl (1 x m, 2 x r usw.).*
2. *Finden Sie möglichst viele weitere Worte, die sich mit dem Buchstabenfundus des Begriffs „Seminarkurs“ bilden lassen.*

M Wortfragmente

SEMINARKURS

a. M _ S _ E b. _ A M _ _ c. M _ S S _ d. R U _ _

Finden Sie die zehn versteckten Worte zum Oberbegriff „Seminarkurs" und zwar horizontal, vertikal und diagonal.

M Recherchesalat

C	F	T	H	Z	U	W	H	A	K	R	I	C	B	R	G	M	R
D	W	Z	F	O	F	Z	N	T	D	K	A	Z	N	T	S	L	O
F	G	J	A	F	D	R	V	F	N	R	S	K	F	B	Z	B	W
B	N	L	V	S	U	B	I	T	O	L	E	A	U	L	H	I	A
O	M	E	T	A	X	D	S	F	M	T	S	S	Z	S	G	B	F
H	M	K	A	T	A	L	O	G	L	S	U	L	S	I	R	L	Y
V	S	D	W	J	H	F	R	R	A	W	F	R	G	E	G	I	C
Y	A	V	F	F	W	H	W	C	W	B	I	Z	G	H	E	O	V
Z	D	R	S	F	M	V	T	W	P	A	N	A	T	G	B	T	B
G	U	N	C	H	M	G	T	D	F	S	T	S	R	B	Y	H	N
O	L	T	V	H	L	P	S	S	M	B	E	H	N	C	D	E	G
O	Q	K	H	K	I	W	U	H	Z	F	R	G	B	S	O	K	D
G	D	S	E	L	J	V	L	H	S	N	N	W	B	W	F	B	N
L	X	Z	O	W	P	B	O	D	Q	T	E	N	R	P	U	S	T
E	A	A	U	S	L	E	I	H	E	T	T	E	A	I	G	K	L
I	W	B	H	D	Y	S	G	R	X	D	G	S	L	P	B	D	S
P	J	R	A	C	T	Z	S	U	C	H	B	E	G	R	I	F	F
K	H	E	F	X	J	F	W	V	H	S	Z	W	D	A	V	R	W

Körpersprache

„Sehe ich deine Haltung, dann interessiert mich deine Meinung nicht mehr." Schon Bertolt Brecht hat erkannt, dass nicht allein der Mund spricht, sondern der ganze Körper. Moderne Kommunikationstrainer verwenden hierfür den Ausdruck *Körperrhetorik*. Zur Körpersprache zählt, wie Sie sich bewegen, wie Sie stehen, wie Sie schauen und wie Sie das Publikum im Blick halten. Das Zusammenspiel dieser Komponenten beeinflusst – wie Forscher herausgefunden haben – zu einem überwiegenden Teil die Beurteilung Ihres Vortrags. Nur etwa ein Fünftel hängt danach vom Inhalt ab. Warum ist das so? In Ihrer Körpersprache verraten Sie Ihre innere Einstellung. Ein Publikum merkt sofort, ob Sie bei der Sache sind, ob Sie hinter Ihren Ausführungen stehen und ob Sie mit Freude vor die Zuhörerschaft treten.

Blickkontakt in sieben Schritten

1. Nehmen Sie ohne Hektik Ihren Standort vor Ihrem Publikum ein und bleiben Sie einige Sekunden ganz ruhig stehen.
2. Lassen Sie währenddessen Ihren Blick über die gesamte Zuhörerschaft schweifen. So stellen Sie Kontakt zu ihr her.
3. Beginnen Sie erst jetzt zu sprechen und halten Sie den Blickkontakt.
4. Senken Sie den Blick zur Textaufnahme von Ihrer Vorlage.
5. Heben Sie den Blick zur Kontaktaufnahme.
6. Sprechen Sie und halten Sie den Blickkontakt.
7. Senken Sie den Blick zur Textaufnahme usw.

1. *Stellen Sie sich vor Ihr Publikum und nehmen Sie Blickkontakt auf.*
2. *Sagen Sie einen der Werbesprüche und schauen Sie dabei der Reihe nach Ihre Zuhörer an.*
3. *Derjenige Teilnehmer, auf dem bei der letzten Silbe der Blick des Redners ruht, kommt nach vorne und setzt die Übung mit einen neuen Satz fort.*

M Werbesprüche

Ein Glas zuviel in tollen Tagen?
Honig hilft der Leber und dem Magen.

Macht die Frau ein Donnerwetter,
trink ein Viertel Ehrenstetter.

Wähle sorgsam dir ein Ziel,
weniger – ist mehr als viel!

Jeden Dienstag in jedes Haus
das neue Heft der Micky Maus.

Jedes Blümelein – und sei es noch so klein –
bringt ein wenig Sonnenschein.

Lass Tier und Pflanze stets in Ruh',
sie sind Geschöpfe so wie Du!

Gemüse von der Reichenau
schmeckt jedem Mann und jeder Frau.

Wie drückt sich nun eine gelungene Körpersprache aus? Auch hier gilt wieder der Grundsatz: Es gibt kein Patentrezept. Entscheidend ist, dass Sie Ausdrucksformen entwickeln, die zu Ihnen passen. Einige Orientierungshilfen gibt es aber doch: Eine lockere, sichere, natürliche und Offenheit ausstrahlende Körperhaltung ist eine sichere Basis für den Erfolg. Dabei sollten Sie frei stehen und das Gewicht auf beide Beine gleichmäßig verteilen. Ungeschickt ist es, sich hinter einem Pult oder einem Tisch zu positionieren. Sie bauen dadurch eine Barriere zwischen sich und Ihrem Publikum auf, die die Zuhörer als störend empfinden. Außerdem kommen Gesten erst ab der Hüfte positiv zur Geltung. Ebenso wenig sollten Sie die Hände in den Hosentaschen verstecken. Nutzen Sie sie, um mit angemessenen Gesten Ihren Vortrag zu unterstreichen beziehungsweise zu illustrieren. Schauen Sie während Ihrer Präsentation mit einem freundlichen Gesichtsausdruck in das Publikum. Wichtig ist, dass verbales und nonverbales Sprechen übereinstimmen. Niemand nimmt Ihnen beispielsweise Ihre in Worten ausgedrückte Freude über Ihre Anwesenheit ab, wenn Sie die Arme vor Ihrer Brust verschränken und dem Publikum damit signalisieren, dass Sie sich von ihm abgrenzen möchten. Ebenso wenig überzeugen Sie Ihre Zuhörer, wenn Sie zwar mit Ihrer Stimme bekräftigen, dass Sie von einer Sache oder These überzeugt sind, gleichzeitig aber eine Augenbraue heben und dadurch Ihre Zweifel bekunden. Die folgenden Aufgaben und Übungen helfen Ihnen, Ihre körpersprachliche Ausdrucksweise zu verfeinern.

Richtig stehen

Ziel der Übung ist es, eine selbstbewusste Haltung einzunehmen. Schaffen Sie dies, so haben Sie eine wichtige Voraussetzung erfüllt, um Sicherheit auszustrahlen und dynamisch auftreten zu können.

- *Gehen Sie in die Knie und lassen Sie die Hände fallen.*
- *Stellen Sie sich vor, an Ihrem Kopf ist ein Haken befestigt. Von oben kommt ein Seil, an dem eine Schlaufe hängt. Das Seil ist an einem Kran aufgehängt.*
- *Der Kranführer führt das Seil jetzt in den Haken ein und beginnt es ganz langsam anzuziehen.*
- *Jetzt spüren Sie ein leichtes Ziehen in der Schädeldecke.*

- *Langsam richten Sie sich auf.*
- *SCHAUEN SIE NACH OBEN IN RICHTUNG DES SEILS.*
- *Geben Sie dem Seil – so weit es geht – nach.*
- *Stellen Sie sich auf die Zehenspitzen, folgen Sie mit Ihrem Kopf dem Seil.*
- *Der Kranführer klinkt das Seil aus. Lassen Sie sich nun auf die Fersen zurückfallen.*
- *Jetzt haben Sie eine selbstbewusste Haltung erreicht.*

Nach Matthias Pöhm, Vergessen Sie alles über Rhetorik, Landsberg 2001, S. 104 f.

Tipp

Wiederholen Sie die Übung vor einem Spiegel und betrachten Sie sich in der Endstufe genau.

Der Körper spricht

1. *Bestimmen Sie die innere Einstellung der dargestellten Rednerin und analysieren Sie, wodurch diese zum Ausdruck kommt.*
2. *Stellen Sie folgende innere Einstellungen pantomimisch dar:*

- *Sie interessieren sich nicht für das, was Sie präsentieren sollen.*
- *Sie haben Angst, sich vor einer größeren Gruppe zu zeigen.*
- *Sie haben Ihre Rede so vorbereitet, dass Sie souverän auftreten.*
- *Sie werden Ihren Mitschülern endlich einmal zeigen, dass Sie der einzige sind, der sich in diesem Thema auskennt.*
- *Sie haben Freude an Ihren Zuhörern und an Ihrem Thema.*

3. *Diskutieren Sie, welche der dargestellten Haltungen die Überzeugungskraft Ihres Vortrags erhöht. Begründen Sie Ihre Meinung.*

Der Körper und die Stimme äußern sich

1. *Lesen Sie den Text und geben Sie ihm eine Bedeutung.*
2. *Präsentieren Sie ihn Ihren Mitschülern so, dass Ihre Deutung klar wird.*

M Grilitsch

Grilitsch
Totti totta bläsn kufu
Idrissou dscha bang bo
Branco motz branco motz
Nettel hilz nesta qua
Grilitsch

Geng arek bäbb babäbb
Broda buck tol do blipf
Ante blö ba ha ba ha
Schmutti mäh
Kling buffon ma uch
grilitsch

Bei einer Präsentation werden Sie in der Regel nicht die ganze Zeit an derselben Stelle stehen, sondern sich zielgerichtet im Raum bewegen. Dabei spielen die von Ihnen eingesetzten Visualisierungsmedien eine wesentliche Rolle. Auch die Einbeziehung der technischen Geräte in einen Vortrag will gelernt sein.

1. *Zeichnen Sie die abgebildeten Drudel[1] an die Tafel beziehungsweise an ein Flipchart oder bitten Sie Ihren Lehrer, sie auf eine Folie zu kopieren. In diesem Fall nutzen Sie den Overheadprojektor als Visualisierungsmedium.*
2. *Lassen Sie Ihrer Phantasie freien Lauf und erfinden Sie zu den sechs Drudeln eine Geschichte. Die Reihenfolge der einzelnen Drudel bleibt Ihnen überlassen. Der erste Satz der Geschichte lautet: „Damals als ich gerade das Haus verlassen wollte…“.*
3. *Erzählen Sie die Geschichte vor Ihrer Gesamtgruppe und nehmen Sie dabei jeweils körpersprachlich Bezug auf den Drudel, den Sie gerade besprechen.*

[1] Ein Drudel ist ein viereckiges Bilderrätsel, dessen Inhalt nicht eindeutig bestimmbar ist und deshalb Raum für eine individuelle Deutung gibt.

M Drudel

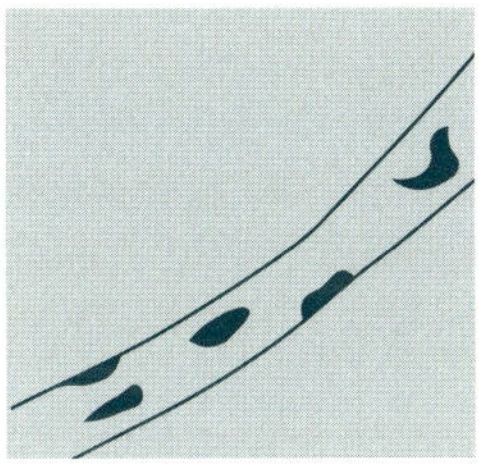
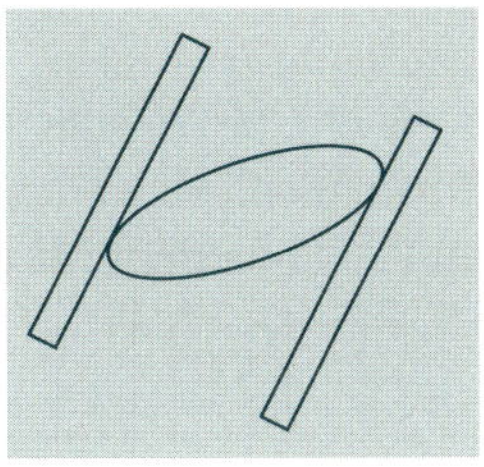
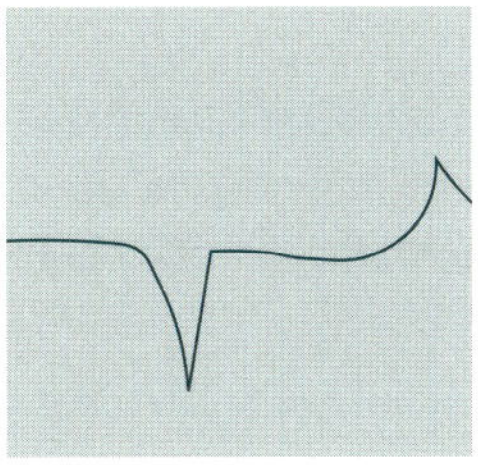
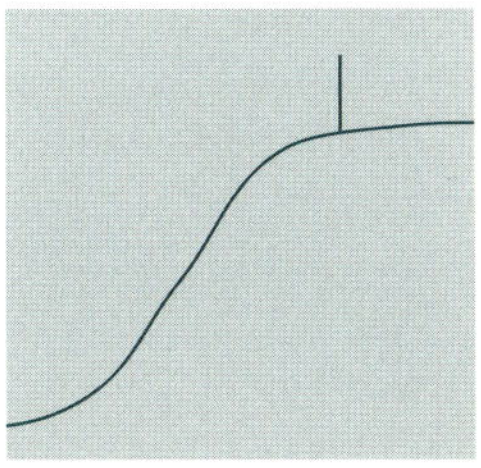
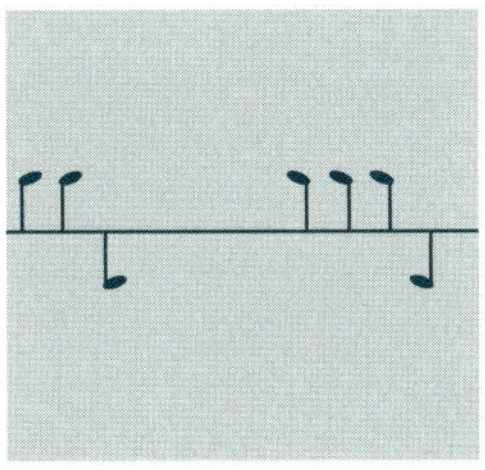
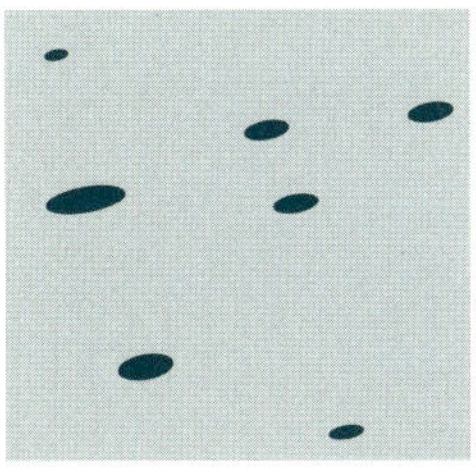

Redeaufbau

Jetzt haben Sie schon ein großes Stück auf dem Weg zu einem gelungenen Vortrag zurückgelegt. Aber auch wenn Sie alle Ratschläge zur Rednerschulung beherzigen, so dürfen Sie nicht darauf verzichten, Ihrem Publikum einen Weg durch das Dickicht Ihrer Gedanken zu bahnen. Eine klare Strukturierung der Präsentation erleichtert es den Zuhörern, Ihnen zu folgen. Daher kommt neben einer logischen Argumentation und der Formulierung eines Redeziels der Eröffnung sowie dem wohl gesetzten Schlusssatz eine besondere Bedeutung zu, denn der erste Eindruck ist entscheidend und der letzte bleibt.

Redeziel

Was wäre aus dem armen kleinen Walter Tell geworden, wenn sein Vater Wilhelm nicht genau gewusst hätte, dass er seinem Sohn den Apfel vom Kopf schießen muss? Genau wie jener berühmte Schütze führen auch Sie sich immer das Ziel vor Augen: Was wollen Sie mit Ihrem Vortrag erreichen? Was sollen Ihre Zuhörer von Ihrer Präsentation mitnehmen, und was soll sich bei den Anwesenden durch Ihre Ausführungen verändern? Sie benötigen konkret ausformulierte Zielvorstellungen. Legen Sie diese als Erstes fest: Dadurch erhält Ihre Darbietung eine klare Ausrichtung. Bevor Sie diesen Schritt jedoch in Angriff nehmen, müssen Sie sich darüber im Klaren sein, welcher Grundrichtung einer Rede Sie folgen. Ist es Ihr Anliegen, einen sachlichen Informationsvortrag zu halten, so besteht Ihre Absicht darin, dem Publikum neue Erkenntnisse oder Sinnzusammenhänge verständlich zu machen. Wollen Sie dagegen die Anwesenden von einem Vorhaben oder Projekt überzeugen, so umfasst Ihr Ziel die Aufforderung an die Zuhörer, in Ihrem Sinne aktiv zu werden. Halten Sie aber eine heitere Gesellschaftsrede, wollen Sie die Besucher unterhalten oder auf die Feier einstimmen. Selbstverständlich ist auch eine Kombination denkbar.

Rücksicht nehmen heißt also auch, dem Publikum klar zu machen, welchen Nutzen es aus Ihren Ausführungen ziehen kann. Es bietet sich an, in der Einleitung die Vorteile für die Zuhörer heraus zu stellen und am Ende darauf noch einmal zurück zu kommen. Die klare Zielformulierung bildet darüber hinaus die Messlatte für die Inhaltsauswahl. Alles, was darunter liegt, findet in Ihrer Präsentation keine Berücksichtigung, weil es Ihre Zuhörerschaft von der Wahrnehmung Ihres Argumentationsganges ablenkt.

Tipp

Notieren Sie sich Ihr Hauptziel in großen Buchstaben auf die erste Stichwortkarte oder auf ein Blatt Papier, das Sie über Ihrem Schreibtisch anbringen. Sie haben es dann tatsächlich ständig vor Augen.

Redestruktur

Im Zentrum einer Rede steht natürlich immer ein sachlicher, gut gegliederter Fachvortrag, in dem die wesentlichen inhaltlichen Ergebnisse dargelegt werden. Apropos wesentlich: Stellen Sie sich vor, sie besuchen ein Openair-Festival. Was nehmen Sie mit? Ihren Tennisschläger? Ihre Schreibtischlampe? Ihr Chemiebuch? – Wahrscheinlich entscheiden Sie sich in diesem Fall für eine Isomatte, einen Schlafsack und einen Regenschutz. Sie überlegen sich also ganz genau, was Sie benötigen und was nicht. Ähnlich verhält es sich bei einer Präsentation. Es ist nicht möglich und auch gar nicht notwendig, alle interessanten Aspekte darzustellen. Die Kunst besteht darin, die wichtigen Punkte herauszufiltern und sie für das Publikum geschickt aufzubereiten. Prinzipiell sollte eine mediengestützte Präsentation nach folgendem Muster gegliedert sein:

Begrüßung und Einleitung markieren die Eröffnung eines Vortrages. Sie soll beim Publikum Neugier auslösen, denn der Anfang bestimmt für lange Zeit den Grad der Aufmerksamkeit, mit dem Ihre Zuhörer Ihnen folgen. Wenn Sie Interesse wecken, bekommen die Anwesenden Lust Ihnen zuzuhören. Diese Lust auf Ihre Präsentation überträgt sich dann auf Ihr Anliegen.

Stellen Sie sich vor, Sie halten zu folgenden Themen einen Vortrag vor einem bestimmten Publikum. Wählen Sie ein Thema aus, überlegen Sie sich eine bestimmte Zielgruppe und formulieren Sie eine Redeeröffnung und ein Redeziel.

M Ein Ohr öffnen

a. „Mundgeruch bei Hunden“
b. „Ein Drehrestaurant auf dem Mount Everest“
c. „Allgemeines Duschen vor dem Unterricht“

Formulieren Sie einen Ohröffner, der kurz und ungewöhnlich ist und der zum Präsentationsthema passt. Die folgenden Möglichkeiten stehen Ihnen dabei zur Verfügung:

- Anekdote, Witz (nichts Derbes, keine Zoten)
- Persönlich erlebte Geschichte
- Provokation (ohne zu beleidigen)
- Abstimmungsfragen
- Stummer Impuls (z.B. wortloses Anschreiben, wortloses Präsentieren eines Bildes)
- Demonstration von zunächst verhüllten Anschauungsobjekten
- Verspätete Themennennung
- Aufzeigen des persönlichen Nutzens Ihrer Ausführungen für das Publikum
- Aktueller oder lokaler Bezug
- Markantes Zitat
- Denkreiztechnik: Unterschiedliche Behauptungen werden in den Raum gestellt

Und das sollten Sie vermeiden:

- Persönliche Begrüßungen
- Inhaltsübersichten ganz am Anfang
- Organisatorische Ankündigungen
- Selbstvorstellung

Um Missverständnissen vorzubeugen: Nicht nur zu Beginn Ihres Vortrags ist es wichtig, dass Sie sich die Aufmerksamkeit der Zuhörerschaft sichern. Im weiteren Verlauf Ihrer Präsentation müssen Sie immer wieder Anker werfen, an denen sich die Aufmerksamkeit Ihres Publikums festhaken kann. Doch wie gelingt das? Die in der Liste der Ohröffner aufgezeigten Möglichkeiten können Sie grundsätzlich auch zu einem späteren Zeitpunkt Ihrer Rede einsetzen. Darüber hinaus gibt es aber noch eine Reihe weiterer Ansatzpunkte. Einer besteht darin, die Teilnehmer direkt anzusprechen.

Lesen Sie die beiden folgenden Texte und benennen Sie die Rede, die Sie mehr anspricht.

M Tunnelfahrt

Rede 1:

In meiner Präsentation möchte ich auf die Probleme, die die langen Straßentunnel in der Schweiz betreffen, eingehen. Insbesondere interessiert dabei die Frage, wie man sich in Gefahrensituationen, beispielsweise bei einem Brand, verhalten soll. Bei Befolgung der Regeln lassen sich Leben retten.

Rede 2:

Sie fahren sicherlich mindestens einmal im Jahr durch einen der großen Straßentunnel in der Schweiz. Wissen Sie eigentlich, wie Sie sich im Falle eines Brandes richtig verhalten sollen? In meiner Präsentation mache ich Sie mit einigen der wichtigsten Regeln vertraut, die Ihr Leben retten können.

Weitere Möglichkeiten sind:

1. Aktive Einbeziehung des Publikums
2. Herstellung eines persönlichen Bezugs
3. Aktivierung der Teilnehmer durch Fragen
4. Visualisierung eines Sachverhalts
5. Rhetorische Fragen
6. Demonstration von konkretem Anschauungsmaterial
7. Einbau von Ungewöhnlichem

1. *Tragen Sie den jeweiligen Charakter des Aufmerksamkeitsankers gemäß der Übersicht in die Tabelle ein.*
2. *Überlegen Sie sich konkrete Aufmerksamkeitsanker für die weiteren Themen.*
3. *Legen Sie sich eine Liste der Aufmerksamkeitsanker an, die Sie selbst bei Präsentationen eingesetzt haben.*

M Aufmerksamkeitsanker

Thema	Aufmerksamkeitsanker	Charakter
Wasserkraft in den Alpen	Jeder Teilnehmer erhält ein Glas Wasser	
Sportliche Großveranstaltungen als Phänomen der Moderne	„Als ich neulich ins vollbesetzte Gottlieb Daimler Stadion kam, hatte ich das Gefühl, dass…“	
Moderner Antisemitismus	„Kennen Sie eine jüdische Familie, die Angehörige im Holocaust verloren hat?“	
Die Rolle der ehrenamtlichen Tätigkeit in der Spaßgesellschaft	„Wer von uns ist nicht gerne von allen gut angesehen?“	
Telekommunikation in der Moderne	Telefonapparat	
Probleme der Verkehrswege in den Alpen	Computergestützte Animation eines Tunnelbrandes	
Der Maulwurf – ein Freund des Menschen?	Die Teilnehmer fassen einen ausgestopften Maulwurf an.	
Verkehrswege in den Alpen	„Wer von uns wäre nicht gerne dabei gewesen, als die Pioniere des Tunnelbaus diesen Durchbruch schafften.“	

Moderne Kühlsysteme	Die Teilnehmer riechen an einer Ammoniakflasche.	
Die Malerei der Moderne	„Wie soll das Bild aussehen, das Sie in Ihrem Wohnzimmer aufhängen möchten?“	
Graf Zeppelin – eine typische Biographie der Moderne?	Präsentation von Zeitzeugen	
Die Ausländerpolitik der Schweiz		
Die Medien als politisches Machtorgan im Dritten Reich		
Künstliche Intelligenz – ein Kind der Moderne?		
Die Entwicklung des Computers in der Moderne		
Das Judentum in der Literatur		

■ Stichwortspiel

Für das folgende Spiel benötigen Sie einen Würfel und vier unterschiedliche Spielfiguren. Die Begriffe, die Sie unten finden, sollten Sie vor Spielbeginn auf Kärtchen gleicher Größe und Farbe geschrieben haben. Bilden Sie Vierergruppen, legen Sie die Kärtchen in einem Oval verdeckt auf den Tisch und bestimmen Sie einen Startpunkt.
Der erste Spieler würfelt, stellt seine Spielfigur auf das entsprechende Kärtchen und deckt es auf. Die Aufgabe ist bei allen Kärtchen dieselbe: Halten Sie zu dem gefundenen Begriff eine Stegreifrede mit Eröffnung, Hauptteil und Schluss. Bemühen Sie sich um eine klare Artikulation und eine möglichst bildhafte und lebendige Sprache. Als Orientierung kann Ihnen die folgende Checkliste dienen. Bevor der nächste Spieler würfelt, erhält der vorherige ein kurzes Feedback von der Gruppe. Fahren Sie mit Würfeln solange fort, bis keine Kärtchen mehr übrig sind.

M Begriffssammlung

Gliederung – Seminarkurs – Fragestellung – Feedback – Moderationswand – Manuskript – Präsentation – Flipchart – Fazit – Präsentation – Zeitmanagement – Motivation – Präsentationsraum – Ohröffner – Visualisierung – Artikulation – Recherche – Kolloquium – Körpersprache – Vorwort – Suchmaschine – Literaturverzeichnis – Redeziel – Blickkontakt – Redetempo – Internet – Tageslichtprojektor – Beamer – Strategieplanung – Mind-Map

Schematischer Verlauf einer Rede

Ohröffner/Begrüßung:	unerwartete, Neugier weckende Mitteilung
Thema und Ziel:	„Ich möchte Ihnen heute zeigen ...“/ „Mein Anliegen ist Folgendes ...“
Argumentation:	These, Argument 1 und Beispiel – Argument 2 und Beispiel usw.
Zusammenfassung/ Schlussfolgerung:	„Aus meinen Ausführungen ergibt sich das und das und deswegen rufe ich Sie dazu auf ...“
Verabschiedung:	prägnanter Schlusssatz; keine Leerformeln: „So das war's“. „Jetzt bin ich fertig.“

Eine andere ganz bekannte Vortragsformel lautet AIDA. Die vier Buchstaben stehen für die Hauptkriterien, nach denen eine überzeugende Rede aufgebaut sein soll:

A	=	Attention	Der Redner schafft Aufmerksamkeit.
I	=	Interest	Der Redner weckt das Interesse des Publikums an der Sache oder dem Thema.
D	=	Desire	Der Redner stillt das Verlangen der Zuhörer nach Informationen oder Lösungsansätzen für das aufgeworfene Problem.
A	=	Action	Der Redner fordert zum Handeln auf.

Erarbeiten Sie anhand der AIDA-Formel eine kurze Rede zu einem Thema Ihrer Wahl und halten Sie sie vor der Gesamtgruppe.

Tipp

Halten Sie wenn möglich die Rede vor einer laufenden Videokamera und werten Sie die Ergebnisse gemeinsam in Ihrer Lerngruppe aus.

4.2 Visualisierung

Der Mensch, das Augenwesen, braucht das Bild.
(Leonardo da Vinci)

Stellen Sie sich vor, Ihr Fachlehrer für Gemeinschaftskunde betritt das Klassenzimmer und kündigt Ihnen an, dass die Geschehnisse in New York vom 11. September 2001 das Thema der anstehenden Stunde sein werden. Wie reagieren Sie? Was immer Sie auch über dieses Ereignis denken, eines ist gewiss: Die meisten der im Klassenzimmer anwesenden Personen haben sofort ein Bild im Kopf: Ein Passagierflugzeug rast in einen Turm des World-Trade-Centers und explodiert.

Warum ist das so? Menschen verankern Informationen in ihrem Gehirn zwar durchaus über unterschiedliche Kanäle, aber die große Mehrheit gehört zum sogenannten visuellen Typ, der Sachverhalte vor allem in bildhafter Form abspeichert. Für eine erfolgreiche Präsentation kommt deshalb neben der geschliffenen Rede auch der gelungenen Visualisierung eine sehr hohe Bedeutung zu. Sie ist die zweite tragende Säule, denn die Kombination von Wort und Bild optimiert die nachhaltige Wirkung von aufgenommenen Botschaften. Eine ansprechende Darstellung von Sachverhalten kann ein Publikum informieren, Verstehenshilfe sein, Neugierde wecken oder zu mehr Aufmerksamkeit motivieren.

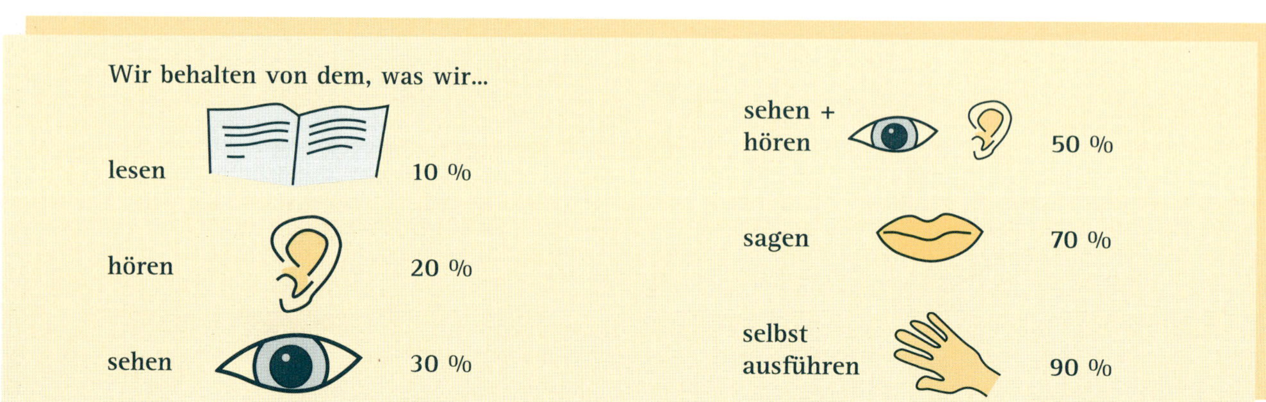

Was aber genau versteht man unter Visualisierung? Das Wort umschreibt die Veranschaulichung von Begriffen, Gedanken, Gefühlen, Sachverhalten, Entwicklungen und Zusammenhängen in einer bildhaften Form. Die visuelle Darstellung unterstützt und ergänzt das gesprochene Wort durch Grafiken, Diagramme, Symbole oder Bilder. Es handelt sich also um *optische Rhetorik*. Im Zentrum jeder Form der Visualisierung steht die Frage, wie man Informationen verständlicher und anschaulicher vermitteln kann.

Um dieses Ziel zu erreichen, stehen dem Präsentierenden verschiedene Visualisierungsmedien und -mittel zur Verfügung, die Inhalte auf unterschiedlichen Wegen transportieren und die er sachgerecht einsetzen muss.

Zwei einfache Grundregeln sollten Sie stets beherzigen, egal welches Präsentationsmedium Sie gewählt haben:

- Alle Elemente einer Visualisierung müssen auch von allen Zuhörern gesehen werden können. Dies ist zwar eine Selbstverständlichkeit, aber dennoch verstoßen viele Präsentatoren dagegen.
- Reduzieren Sie Ihre Visualisierung auf das Wesentliche.

Noch nicht überzeugt? Dann nehmen Sie sich in Ihrer Gruppe Zeit für die folgende Lernspirale und erproben Sie selbst die Wirkung von bildhaften Darstellungen. Dabei werden Sie Ihre Kompetenzen auf dem Feld der Visualisierung erweitern, denn der Mensch behält – wie sie jetzt wissen – von dem, was er selbst macht, 90 %.

Die Lernspirale

Bei einer Lernspirale bohren sich die Lernenden wie ein Spiralbohrer mithilfe verschiedener Aktivitäten in ein Thema hinein und erwerben so Kompetenzen auf verschiedenen Gebieten. Dabei arbeiten und lernen sie weitgehend eigenverantwortlich und in wechselnden Sozialformen. Die Lernspirale besteht aus drei ineinander greifenden Windungen, die jeweils in weitere Kurven – sogenannte Arbeitsinseln – untergliedert sind. Sie startet mit einer Phase, in der das Vorwissen der Lernenden aktiviert wird. Gleichzeitig erfolgt dadurch eine *Sensibilisierung* für das Thema. Daran schließt sich die relativ umfangreiche *Informationsphase* an, die der Erarbeitung neuer Kenntnisse und Verfahrensweisen dient. Vorläufig abgeschlossen wird der Lernprozess mit der *Transferphase*, in der das frisch erworbene Wissen angewendet und vertieft wird. Insgesamt erfordert die Lernspirale einen Zeitaufwand von etwa vier Unterrichtsstunden.

■ Sensibilisierungsphase

1. *Bilden Sie Kleingruppen, wählen Sie – jeder einzeln – eine der folgenden Testübungen aus und bearbeiten Sie die Anweisung auf dem Blatt so schnell Sie können. Jeder der drei Testtypen sollte in den einzelnen Gruppen vertreten sein.*
2. *Tauschen Sie in einer Dreiergruppe Ihre Erfahrungen aus, die Sie bei der Bearbeitung der Testübung gemacht haben.*
3. *Formulieren Sie in Ihrer Gruppe eine These zur Frage: „Welchen Vorteil bringt eine gelungene Visualisierung?“*
4. *Diskutieren Sie die vorgetragenen Thesen im Plenum.*

M Testübung 1a

		8					◆	V		8		S
	◆	3	Z		◆	P	U	✸	◆	5		Z
	8	✸			8	✸		8		✸		8
◆	A		◆	◆	6		◆	R	V	◆	B	
		X			✸				◆	1	F	
	◆	9	Z				◆	7	U			
	8	✸				8		✸		F		K
◆	Y	R		◆	◆	K	F		◆	8	U	
	✸	8				✸		8		✸		
	◆	R	U			9		◆	B	R	◆	Z
	8		✸		◆	1	U		✸			8
◆	X	Z		◆		✸		◆	P		◆	9
	✸		8							1		✸
		◆	3	U			8		◆	V	U	8
	8		✸			◆	5	Z		✸		◆
◆	P	Z	8	◆		✸	◆	7	5			
			◆		S	U			9			8
			8					◆	6	U	◆	X

Finden Sie das folgende Muster und markieren Sie es.

	8	
◆	3	U
	✸	

M Testübung 1b

		8					◆	V		8		S
	◆	3	Z		◆	P	U	✸	◆	5		Z
	8	✸			8	✸		8		✸		8
◆	A		◆	◆	6		◆	R	V	◆	B	
		X			✸				◆	1	F	
	◆	9	Z				◆	7	U			
	8	✸				8		✸		F		K
◆	Y	R		◆	◆	K	F		◆	8	U	
	✸	8				✸		8		✸		
	◆	R	U			9		◆	B	R	◆	Z
	8		✸		◆	1	U		✸			8
◆	X	Z		◆		✸		◆	P		◆	9
	✸		8							1		✸
		◆	3	U			8		◆	V	U	8
	8		✸			◆	5	Z		✸		◆
◆	P	Z	8	◆		✸	◆	7	5			
			◆		S	U			9			8
			8					◆	6	U	◆	X

Finden Sie das folgende Muster und markieren Sie es.

	8	
◆	3	U

Unter der unteren Ziffer befindet sich ferner ein Stern.

M Testübung 1c

		8					◆	V		8		S
	◆	3	Z		◆	P	U	✸	◆	5		Z
	8	✸			8	✸		8		✸		8
◆	A		◆	◆	6		◆	R	V	◆	B	
		X			✸				◆	1	F	
	◆	9	Z				◆	7	U			
	8	✸				8		✸		F		K
◆	Y	R		◆	◆	K	F		◆	8	U	
	✸	8				✸		8		✸		
	◆	R	U			9		◆	B	R	◆	Z
	8		✸		◆	1	U		✸			8
◆	X	Z		◆		✸		◆	P		◆	9
	✸		8							1		✸
		◆	3	U			8		◆	V	U	8
	8		✸			◆	5	Z		✸		◆
◆	P	Z	8	◆		✸	◆	7	5			
			◆		S	U			9			8
			8					◆	6	U	◆	X

Finden Sie das folgende Muster und markieren Sie es:
Rechts von einer Raute befindet sich eine Zahl. Über ihr steht eine Acht, neben ihr der Buchstabe U und unter ihr ein Stern.

M Visualisieren eines Textes

Wichtige Hinweise für die Arbeit mit einem Tageslichtprojektor

Ein sinnvoller Einsatz des Tageslichtprojektors setzt voraus, dass Sie über Folien verfügen, die Sie Ihrem Publikum präsentieren können. Solche Transparente können Sie selbst erstellen oder Sie kaufen fertige Produkte. Um bei einer Präsentation erfolgreich zu sein, ist dabei Folgendes zu beachten:

Herstellung eigener Folien:
- Beschränken Sie sich auf eine Folie pro Thema.
- Überladen Sie die Folie nicht mit Inhalten (7-10 Zeilen).
- Verwenden Sie mindestens die 16-Punkt Schriftgröße und den Schrifttyp „Arial".
- Wählen Sie Schwarz als Hauptschriftfarbe, Grün oder Rot zum Unterstreichen und Hervorheben.
- Verwenden Sie immer nur kontrastierende Farben.
- Wenn Sie eine gut lesbare Schrift haben, können Sie Folien auch von Hand erstellen.
- Benutzen Sie wasserfeste Stifte nur dann, wenn Sie die Folien mehrfach einsetzen wollen.
- Testen Sie die Lesbarkeit Ihres Produkts, bevor Sie es präsentieren.
- Färben Sie mit dem Folienstift keine Flächen ein.
- Formulieren Sie Stichworte, keine ganzen Sätze.

Kauf fertiger Folien:
- Beachten Sie, dass Folien für aktuelle Themen kaum im Handel verfügbar sind.
- Denken Sie daran, dass fertige Folien sehr teuer sind.
- Überprüfen Sie, ob das angebotene Produkt inhaltlich in Ihr Konzept passt.
- Machen Sie sich klar, dass fertige Folien technisch perfekt sind.

Bei der Präsentation:
- Stehen Sie nie zwischen Projektor und Präsentationswand.
- Projizieren Sie das Bild möglichst so hoch, dass nichts den Blick auf das Visualisierungsprodukt behindert.
- Schalten Sie das Gerät aus, wenn Sie das projizierte Bild nicht mehr benötigen.
- Lesen Sie den Folientext nicht einfach ab, sondern erläutern Sie ihn.
- Halten Sie Blickkontakt.

1. *Visualisieren Sie diesen Text. Nehmen Sie sich dafür etwa 20 Minuten Zeit.*
2. *Notieren Sie anschließend auf einem Blatt ihre fünf persönlichen Tipps für eine gelungene Visualisierung.*
3. *Bilden Sie in ihrem Kurs zwei ineinander gelagerte Kreise, sodass sich jeweils zwei Teilnehmer gegenüberstehen (siehe Abbildung). Tauschen Sie drei Minuten lang Ihre Tipps aus.*
4. *Rücken Sie im äußeren Kreis zwei Personen nach rechts und wiederholen Sie mit dem neuen Partner den Informationsaustausch.*

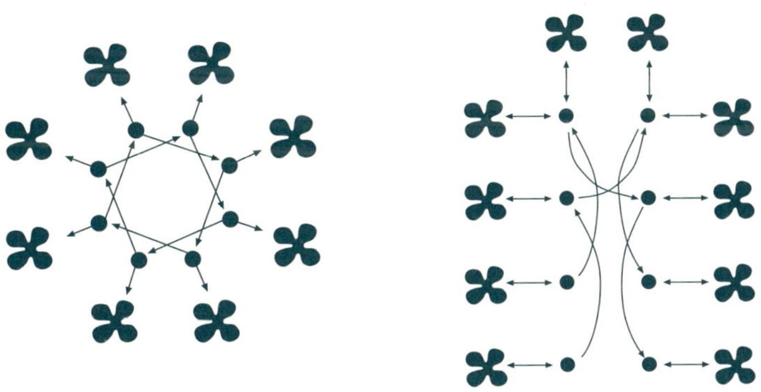

Schematische Darstellung der Methode „Kommunikatives Stühlerücken".

Jetzt haben Sie die erste Etappe der Lernspirale erfolgreich hinter sich gebracht und sich dabei wichtige Anhaltspunkte und Erkenntnisse über das Wesen einer gelungenen Visualisierung erarbeitet, auf die Sie aufbauen können. Denn Präsentieren zu lernen heißt auch, sich unablässig in dieser Kunst zu üben. Dazu haben Sie jetzt Gelegenheit: Die folgenden Arbeitsinseln machen Sie mit verschiedenen Präsentationsmedien und -mitteln vertraut und erweitern damit Ihren Kenntnisstand. Erarbeiten werden Sie sich die Information über ein *Gruppenpuzzle*.

Informationsphase

1. *Bilden Sie Gruppen von vier bis sechs Personen.*
2. *Verständigen Sie sich auf sechs Tipps für eine gute Visualisierung und notieren Sie jeweils einen Vorschlag auf eine Moderationskarte.*
3. *Präsentieren Sie ihre Vorschläge vor der Gesamtgruppe an der Tafel und diskutieren Sie sie im Plenum.*

Unter einem *Gruppenpuzzle* versteht man eine arbeitsteilige Teamarbeit, bei der sich die Schülerinnen und Schüler mit den einzelnen Puzzleteilen beschäftigen. Indem sie ihre individuell bzw. gemeinsam erzielten Arbeitsresultate verzahnen, entsteht ein in sich geschlossenes Gesamtergebnis.

Verlaufsschema und Aufgabenstellung für das Gruppenpuzzle

Phase 1:
- Bilden Sie vier Gruppen.
- Jede Gruppe bearbeitet einen der vier Texte unter der jeweiligen Aufgabenstellung.

Phase 2:
- Bilden Sie neue Gruppen. Dabei muss in jedem neuen Team mindestens ein Vertreter der vorigen Gruppen sein.
- Stellen Sie Ihre jeweiligen Ergebnisse den anderen Gruppenmitgliedern vor, diskutieren Sie sie und klären Sie offene Fragen.
- Erstellen Sie ein Tafelbild, das Ihre Ergebnisse zusammenfasst. Verwenden Sie dabei ein Präsentationsmedium Ihrer Wahl.

Phase 3:
- Präsentieren Sie Ihre Arbeitsergebnisse vor der Gesamtgruppe.
- Beobachten Sie die Präsentationen der anderen Gruppen und arbeiten Sie in einer gemeinsamen Beratung Beurteilungskriterien für eine gelungene Visualisierung heraus.
- Notieren Sie die Kriterien.

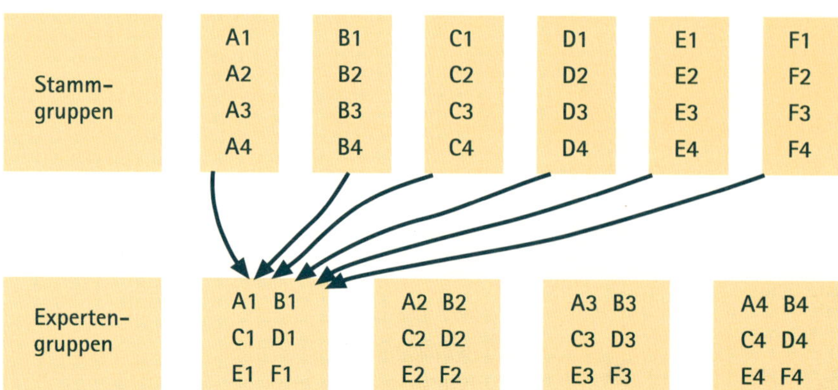

Einteilung der Gruppen beim Gruppenpuzzle. Die Einteilung der Expertengruppen 2, 3 und 4 erfolgt nach dem gleichen Verfahren wie die Bildung der Gruppe 1 und wurde aus Gründen der Übersichtlichkeit in der Grafik nicht dargestellt.

Notieren Sie die wichtigsten Hinweise aus dem folgenden Text für den sachgerechten Umgang mit Tafel, Flipchart und Moderationswand.

M Tafel, Flipchart und Moderationswand in der Präsentation

Es gibt verschiedene Medien, die geeignet sind, Visualisierungsprodukte einem Publikum zu präsentieren. Am einfachsten im Unterricht einsetzbar, da immer in Schulen vorhanden, sind *Tafeln*. Sie haben den Vorteil, dass alles sofort weggewischt, überschrieben oder ersetzt werden kann. Klapptafeln bieten dem Präsentierenden zudem die Möglichkeit, durch Öffnen oder Schließen der Seitenelemente für Überraschungseffekte zu sorgen.

Von der herkömmlichen Form der Tafel zu unterscheiden ist das vor allem in professionell ausgestatteten Seminarräumen anzutreffende *White-Board*. Es hat eine völlig glatte, geschlossene Oberfläche aus Kunststoff oder Metall, die als Schreibfläche benutzt wird. Beschriftet wird es mit speziellen Stiften, die trocken abwaschbar sind, d.h. unangenehmer Kreidestaub entsteht nicht. Einen großen Vorteil stellt die Leuchtkraft dieser Stifte dar. Das White-Board eignet sich besonders gut, um Gedankengänge zu veranschaulichen oder Fragen aus dem Publikum festzuhalten. In den meisten Fällen sind beide Arten von Tafeln so beschaffen, dass Magnete haften. Damit bieten sie eine weitere geschickte Visualisierungsalternative. Tafeln eignen sich insbesondere für die Vermittlung deduktiven[1)] Wissens, wie es beispielsweise in der Mathematik geschieht.

Flipcharts gehören mittlerweile zur Standardausrüstung in allen Präsentationsräumen. Im Format sind sie kleiner als Tafeln, dafür lassen sie sich leicht transportieren, so dass der Präsentierende auch sein eigenes Gerät mitnehmen kann. Ihre Ausstattung besteht aus einem karierten oder strukturlosen Papierblock und sie können mit speziellen Markern (Strichbreite 3-5 mm) beschrieben werden. Sie schlagen nicht auf das darunter liegende Blatt durch. Es sollte darauf geachtet werden, keine runden Stifte zu benutzen, weil die Lesbarkeit des Geschriebenen deutlich darunter leidet. Da die Blockseiten jederzeit umgeblättert werden können, erlaubt das Flipchart auch die sukzessive Präsentation aufeinander aufbauender Gedanken. Ein erheblicher Vorteil besteht darin, dass es mithilfe dieses Mediums möglich ist, die Präsentation im Voraus zu gestalten.

Die *Moderationswand* steht auf zwei Metallfüßen, wodurch ihre Stabilität gewährleistet wird und sie ist transportabel. Manche Hersteller bieten Moderationswände an, die miteinander durch Einhaken verbunden werden können, so dass sich die Präsentationsfläche vergrößern lässt. Sie ist mit Moderationspapier bespannt und kann mit Stiften (vgl. Flipchart) beschrieben werden. Ihr eigentlicher Vorteil besteht aber darin, dass man mit Stecknadeln Bilder, Grafiken, Fotos oder Visualisierungselemente befestigen kann. Solche Visualisierungselemente – runde, ovale oder rechteckige Karten – sind in verschiedenen Farben erhältlich. Ergänzt wird das Sortiment durch Moderationswolken und Überschriftenstreifen. Diese Elemente können frei kombiniert werden, so dass durch den gezielten Einsatz von Farbe, Form und Größe inhaltliche Aspekte einer Präsentation unterstützt werden können. Aber auch hier gilt der Grundsatz: Weniger ist mehr, d.h. der funktionale Einsatz der verschiedenen Gestaltungselemente ist der künstlerischen Freiheit übergeordnet.

Für alle genannten Medien gilt: Der Präsentator muss seine Ausführungen unterbrechen, während er am jeweiligen Gerät beschäftigt ist.

1) deduktiv: den Einzelfall aus dem Allgemeinen ableiten

Notieren Sie die wichtigsten Hinweise für den sachgerechten Umgang mit einem Tageslichtprojektor.

M Arbeiten mit dem Overhead-Projektor

Obwohl der Tageslichtprojektor inzwischen das Standardmedium jeder Präsentation ist, werden bei dessen Benutzung immer noch die meisten Fehler gemacht. Schlecht lesbare, überladene Folien sind bei vielen Veranstaltungen zu beobachten. Nicht selten steht der Präsentator zwischen Gerät und Projektionswand oder blickt während seiner Erläuterungen gegen das projizierte Bild, ohne sein Publikum wahrzunehmen. Oftmals stehen die Geräte zu nahe am Fenster, was ihre Projektionsqualität stark beeinträchtigt. Gleichwohl ist darauf hinzuweisen, dass Overhead-Projektoren grundsätzlich durchaus bei Tageslicht auch ohne Raumverdunklung mit Gewinn eingesetzt werden können. Im Klassenzimmer erweist es sich als ungeschickt, die Geräte so zu positionieren, dass die Darstellungsfläche über der Wandtafel platziert ist. Die dadurch verursachte unbequeme Körperhaltung ermüdet die Zuhörer rasch. Eine umgedrehte Wandkarte, die als Projektionsfläche genutzt wird, kann hier als sinnvolle Alternative dienen. Für festinstallierte Tageslichtprojektoren gibt es Endlosfolien, die über eine Kurbel zu bewegen sind. Sie sind insbesondere von Vorteil, wenn während einer Präsentation Skizzen angefertigt oder kurze Berechnungen durchgeführt werden.

Eine Grundsatzentscheidung hat jeder Vortragende vorab zu treffen: Sollen wasserlösliche oder -feste Stifte benutzt werden, und welche Strichbreite muss das Schreibgerät haben? Wasserlösliche Stifte haben den Vorteil, dass die Aufschriebe jederzeit weggewischt oder verändert werden können, allerdings verschmiert die Folie dabei häufig. Dies gilt insbesondere bei der Verwendung einer größeren Strichbreite.

Bei der selbstständigen Erstellung von Folien ist darauf zu achten, dass geeignete Materialien verwendet werden. Für Tintenstrahl- und Laserdrucker sowie Kopiergeräte bietet der Handel spezielle Produkte an. Ungeeignete Folien verursachen hohe Reparaturkosten. Bei der handschriftlichen Bearbeitung ist der Folientyp dagegen beliebig. Präsentationshüllen schützen Folien, die öfters zum Einsatz kommen oder die besonders aufwändig in der Herstellung waren. Solche Hüllen verfügen zudem auf jeder Seite über einen ausklappbaren Rand, der für Notizen genutzt werden kann.

Folien bieten eine ganze Reihe weiterer Vorteile. Sie können jederzeit auf Papier kopiert und als Handout an das Publikum weitergegeben werden. Ferner bergen sie – richtig gestaltet – ein großes Motivationspotential. Transparente erzeugen Aufmerksamkeit, regen zum Nachdenken an oder geben Impulse. Ein besonderer Effekt besteht in der Möglichkeit, durch die Anwendung von Abdeck-, Aufbau-, Ergänzungs- und Unterlegtechniken schrittweise Gedanken oder Zusammenhänge zu entwickeln. Dadurch wirkt die Informationsaufnahme nachhaltig.

So vielseitig der Tageslichtprojektor auch einsetzbar ist, er funktioniert nur, wenn die Lampe nicht defekt ist. Eine Ersatzbirne sollte deshalb immer bereit liegen.

Notieren Sie die wichtigsten Kriterien für die Gestaltung von Plakaten.

M Gestaltung und Einsatz von Plakaten

Plakate zählen zu den klassischen Präsentationsmitteln. Sie können an einer Tafel oder Moderationswand befestigt werden. Auch der Flipchart-Block eignet sich als Grundlage. Beim Einsatz von Plakaten bei einer Präsentation gilt der Grundsatz: Weniger ist mehr, das heißt alle verwendeten Gestaltungselemente sollen sparsam eingesetzt werden. Erst auf diese Weise entsteht Klarheit und Übersichtlichkeit, die dem Betrachter das Verständnis erleichtern. Empfehlenswert ist die Einhaltung der Leserichtung von links nach rechts bzw. von oben nach unten. Bei Kreisdarstellungen sollten die Elemente im Uhrzeigersinn angeordnet werden, da andernfalls das Publikum verwirrt wird. Zudem muss ein Plakat deutlich erkennbar, kontrastreich und auf ein Thema begrenzt sein. Ein gelungenes Plakat weist Freiräume auf, die die Wirkung unterstützen und die – geschickt eingesetzt – die Aussageabsicht unterstreichen.

Ratsam ist es, nicht sofort auf das Plakat zu schreiben, sondern die einzelnen Symbole, Karten, Streifen, Wolken etc. zunächst zu beschriften und dann aufzulegen. Erst wenn das Produkt fertig ist, sollte die endgültige

Fixierung erfolgen. Zur Beschriftung eignen sich am besten Druckbuchstaben, die in Groß- und Kleinschreibung verwendet werden sollten, da das menschliche Auge die differenzierte Darstellung leichter erfasst. Gleiches gilt für Schriftblöcke, die Schriftzeilen, die die ganze Breite eines Bogens umfassen, vorzuziehen sind. Überschriften sollten 30 mm hoch sein, die Texte etwa 10-15 mm.

Bei der Gestaltung eines Präsentationsplakats ist ferner zu berücksichtigen, ob Meinungen, Mengenverhältnisse, Beziehungen oder Entwicklungen dargestellt werden. Für die letzten beiden Sachverhalte eignen sich insbesondere Pfeile, während die anderen beiden Punkte durch grafische Darstellungen, Tabellen oder Säulendiagramme wirkungsvoll dem Publikum nahegebracht werden können.

Notieren Sie die wichtigsten Kriterien für die Gestaltung von Mind-Maps.

M Die Mind-Map

Mind-Maps – Gedankenlandkarten – sind eine Möglichkeit, Ideen zu entwickeln, zu ordnen und übersichtlich darzustellen. Sie eignen sich also bestens dazu, Problemlösungen zu finden. Das Arbeiten mit Mind-Maps ist leicht erlernbar und sehr einfach. Alles, was man benötigt, ist ein leeres Blatt Papier im Querformat und einen Blei- bzw. Farbstift. Zunächst wird in der Mitte des Blattes das Thema notiert und mit einem Kasten, Kreis oder Oval umrahmt. Von diesem Kernpunkt aus laufen Linien in alle Richtungen. Sie stellen die Hauptaspekte des Themas dar und werden mit Stichworten beschriftet. Jeder neue Gedanke erhält eine eigene Linie (Ast). Danach sind die Nebenaspekte an der Reihe: Den Stichworten werden alle weiteren Ideen zugeordnet und stichwortartig auf zusätzlichen Verästelungen festgehalten. Auf diese Weise entsteht allmählich ein feingesponnenes, übersichtliches Gedankennetz, das jederzeit erweitert werden kann.

Gestaltungsregeln für Mind-Maps

- Blatt im Querformat benutzen
- In Druckschrift schreiben
- Worte, Farben und Symbole benutzen
- Thema in der Mitte platzieren
- Äste und Zweige mit jeweils nur einem Begriff beschriften
- Äste symbolisieren Hauptaspekte, Verzweigungen führen zu Nebenaspekten

Ein besonderer Vorzug dieser Methode besteht in der Verbindung von bildlichem und begrifflichem Denken. Dadurch kommt sie der Funktionsweise des menschlichen Gehirns entgegen und regt die Kreativität an. Die Einsatzmöglichkeiten von Mind-Maps sind vielfältig: Vorwissen und neue Informationen können geordnet werden, Wichtiges und Nebensächliches lassen sich unterscheiden, innere Zusammenhänge werden deutlich gemacht und Präsentationen gewinnen an Überzeugungskraft.
Außerdem helfen Mind-Maps einer Gruppe, die Arbeit aufzuteilen: Dazu erstellt jeder Teilnehmer eine individuelle Mind-Map zum vereinbarten Thema. Anschließend werden die verschiedenen Varianten verglichen, und es wird eine gemeinsame Gruppen-Mind-Map erstellt. Die Zuordnung einzelner Aufgabenfelder erfolgt beispielsweise dadurch, dass jeder die Bereiche bearbeitet, zu denen er/sie mehrere Begriffe eingebracht hat. Zur Veranschaulichung kann man diese gleich mit unterschiedlichen Farben markieren. Wie beim Plakat gilt auch bei Mind-Map die Regel: Wenn die Visualisierung nur schwer wahrzunehmen oder unverständlich ist, darf sie bei einer Präsentation nicht zum Einsatz kommen.

Tipp: Beim erstmaligen Arbeiten mit Mind-Maps nicht sofort die zeichnerische Darstellung anstreben, sondern zunächst alle Ideen in einer Liste notieren und daraus dann die Grafik erstellen.

■ Transferphase

Bei den vorangegangenen Arbeitsinseln haben Sie Ihre Kenntnisse und Fertigkeiten im Bereich der Visualisierung Schritt für Schritt erweitert beziehungsweise verfeinert. Jetzt sind Sie an einem Punkt angelangt, an dem Sie Ihre neu erworbene Kompetenz anwenden können.

1. *Betrachten Sie die abgebildeten Visualisierungsprodukte und arbeiten Sie in Ihrer Kleingruppe die Vor- und Nachteile der einzelnen Beispiele heraus.*

2. *Stellen Sie Ihre jeweiligen Überlegungen der Gesamtgruppe vor und erstellen Sie ein Raster von empfehlenswerten und zu vermeidenden Aspekten einer Visualisierung.*

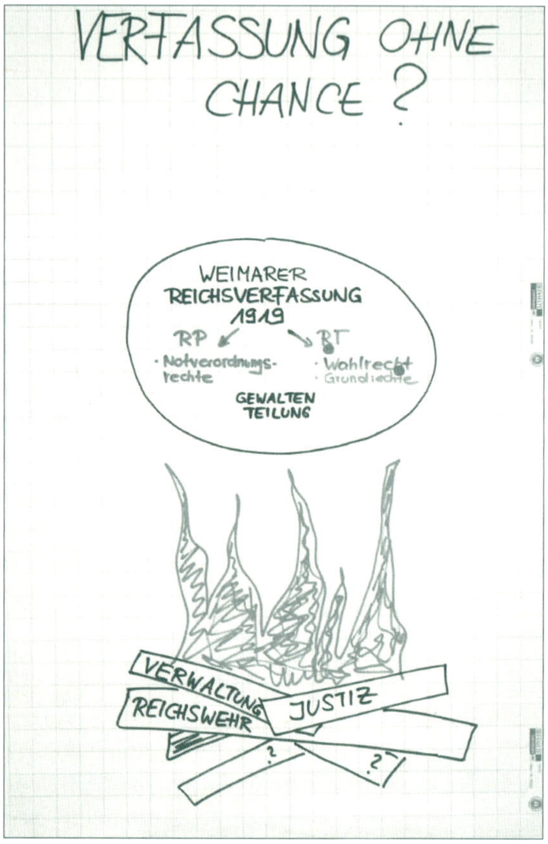

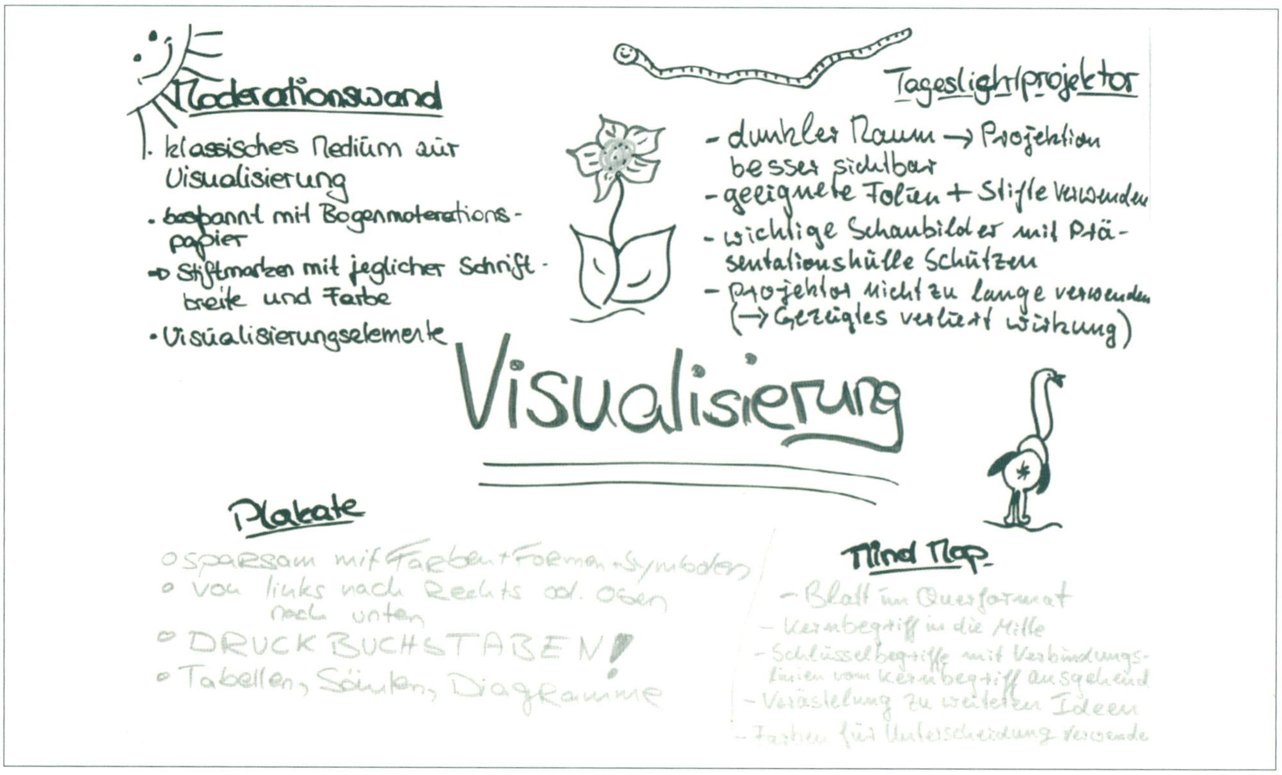

Gestaltungsmittel in der Visualisierung

Das Ziel, das Sie mit Ihrer Präsentation verfolgen, ist immer dasselbe: Sie möchten das Publikum von Ihren Gedanken und Ideen überzeugen. Um bei diesem Vorhaben erfolgreich zu sein, kommt vielen Details eine große Bedeutung zu, die auf den ersten Blick als nebensächlich erscheinen. Insbesondere der gekonnte Umgang mit den eingesetzten *Visualisierungsmitteln* ebnet den Weg zum Erfolg. Unter Visualisierungsmitteln versteht man jene Geräte oder Ausrüstungsgegenstände, mit denen Sie die ausgewählten Medien erst zum Sprechen bringen, also beispielsweise Stifte, Papier oder Klebepunkte. Die folgenden Tipps geben Ihnen eine erste Hilfestellung:

- Verwenden Sie eine schnörkellose Schrift.
- Schreiben Sie in Groß- und Kleinbuchstaben.
- Notieren Sie auf Folie nie mehr als sieben Stichworte. Formulieren Sie keine ganzen Sätze.
- Benutzen Sie Flipchart-Papier mit dezentem Karomuster.
- Halten Sie immer einen breiten roten Stift bereit, den Sie für Hervorhebungen, Unterstreichungen und Umrahmungen gebrauchen.
- Achten Sie darauf, dass die Schrift der Raumgröße angepasst ist.
- Erläutern Sie alle Elemente Ihrer Darstellung.

Schriftgröße und -stärke sind zwei zentrale Gestaltungsmittel einer Präsentation, die man mit etwas Übung sehr leicht zu beherrschen lernt.
Besorgen Sie sich bei Ihrer Lehrkraft einen Bogen Flipchart-Papier und üben Sie das Schreiben mit einem Filzstift.

Jetzt sind Sie sensibilisiert für die Wichtigkeit von Visualisierungsmitteln.

Die folgenden Aufgaben lassen Sie noch tiefer in die Materie eindringen.

Kreuzen Sie in den vorgegebenen Spalten an, ob Sie die Behauptungen richtig oder falsch finden. Überlegen Sie sich überzeugende Argumente, mit denen Sie Ihre Einschätzungen begründen können.
Vergleichen und diskutieren Sie Ihre Einschätzungen in Kleingruppen. Ziehen Sie notfalls Ihren Lehrer als Experten heran.

M Behauptungen über Gestaltungsmittel in der Visualisierung

	+	-
Filzstifte sollte man beim Schreiben ständig drehen, damit die Spitze gleichmäßig verbraucht wird.		
Ober- und Unterlängen sollten möglichst kurz gehalten werden, damit das schnelle Erfassen des Inhalts erleichtert wird.		
Bei Folienstiften sind die Strichstärken F und M ausreichend.		
Bei abgeschrägten Filzstiften sollte man immer mit einer Ecke schreiben, damit die Darstellung nicht verwischt wird.		
Pinnadeln sind bestens geeignet, um Flipchart-Papier sauber abtrennen zu können.		
Auf die Verwendung von Krepppapier muss verzichtet werden, da sich die Klebereste nicht rückstandslos entfernen lassen.		
Tesafilm ist für Präsentationen ungeeignet, da er die relativ schweren Plakatblätter nicht halten kann.		
Klebepunkte sind eine Bereicherung für eine Visualisierung, da sie sehr sauber wirken.		
Klebestifte dürfen niemals verwendet werden, da ihr Gebrauch das Publikum ablenkt.		
Filzstifte haben eine breite, abgeschrägte Spitze, weil Schriftgröße und Schriftstärke bei einer Visualisierung wichtig sind.		
Üben ist das beste Verfahren, um im Gebrauch von Gestaltungsmitteln Sicherheit zu erlangen.		

Die multimediale Präsentation

Eine multimediale Präsentation mithilfe von Texten, Tabellen, Diagrammen, mit eingefügten Bildern, Videosequenzen, Audioteilen und Animationen klingt wie der Traum eines jeden Redners. Dieser Traum ist heute mit wenigen Geräten und Handgriffen schnell und problemlos realisierbar. Alle genannten Präsentationselemente lassen sich mithilfe eines Software-Programms und eines Computers (optimal: Laptop) bearbeiten und zu einer einheitlichen Präsentation zusammenfügen. Die für diesen Zweck am weitesten verbreitete Software ist „Power-Point“, daneben existieren aber auch weitere Programme. Der Umgang mit der entsprechenden Software erfordert spezielle Kenntnisse. Diese können ohne Schwierigkeiten mithilfe der entsprechenden Fachliteratur oder durch geeignete Übungsprogramme erworben werden.

Nach der Erstellung einer Präsentation am Rechner kann diese mittels Videoprojektor (Beamer) in variabler Bildgröße auf einer (Groß-)Leinwand abgespielt werden. Eine solche Ausstattung ersetzt den Overhead-, Film- und Diaprojektor, das Flipchart, die Wandzeitung und auch die Karteikarten als Gedächtnisstütze in der Hand des Referenten. Es wird möglich, die Inhalte einer Rede anschaulich und motivierend zu vermitteln.

Eine gut vorbereitete Präsentation gibt dem Redner Sicherheit und reduziert somit seine Nervosität. Folienchaos und falsch sortierte Karteikarten gehören damit der Vergangenheit an. Die einzelnen Elemente einer Folie (Textstellen, Bilder, Videosequenzen) können nacheinander abgerufen werden, selbst ein Überlagern von Folien ist durch Einblendung möglich.

Es soll aber nicht verschwiegen werden, dass ein solches System auch große Nachteile und Fehlerquellen besitzt. An erster Stelle sind hier Probleme mit der Technik zu erwähnen. Nur gut vorbereitet mit aufeinander abgestimmten Systemen werden Sie erfolgreich präsentieren.

Tipp

Verlassen Sie sich am besten auf die Ihnen vertrauten Geräte.

Machen Sie sich bei vom Veranstalter gestellten Systemen unbedingt mit der Handhabung der Geräte vertraut:
Ist ein kompatibles Software-Programm auf dem Rechner installiert?
Wie können Sie Ihre Präsentationsdaten auf dem fremden Rechner abspielen?
Achtung: Der Zeitbedarf für diese Vorarbeiten wird meist unterschätzt.

Überlegen Sie sich schon im Voraus ein Pannenmanagement für den Fall, dass Ihre Präsentation nicht abspielbar sein sollte. Kopieren Sie wichtige Seiten Ihrer Präsentation auf Folien, so dass Sie im Notfall auf eine Over-Head-Projektion umstellen können.

Auch bei der Erstellung der Präsentationsfolien am Computer gilt es Fehler zu vermeiden:

- Widerstehen Sie der Versuchung, das System als Text- oder Folienschleuder zu missbrauchen.
- Die Einfachheit der vielfachen Bildprojektion verlockt dazu, eine Arbeit zu fein zu gliedern. Dies führt zum Verlust der Übersicht.
- Formulieren Sie eine knappe, aussagekräftige Titelzeile.
- Bevorzugen Sie Stichwörter statt langer, ausformulierter Sätze. Die Stichwörter werden von Ihnen in der Rede erläutert und durch weitere Informationen ergänzt. So wahren Sie Ihre Bedeutung als Redner.
- Verwenden Sie einen einfarbigen, hellen Hintergrund. Beachten Sie auch den Einsatz einer dunklen, kontrastierenden Schriftfarbe mit ausreichender Schriftgröße.
- Vermeiden Sie eine sinnlose, verwirrende Farbvielfalt und eine Überfülle an Design und Animationseffekten.
- Achten Sie auf eine korrekte Rechtschreibung.
- Belassen Sie die Folien im Querformat. So nutzen Sie die gesamte Projektionsfläche.
- Machen Sie sich die eigentlichen Vorzüge dieses Systems zur multimedialen Präsentation zunutze: Lockern Sie Ihren Vortrag auf und illustrieren Sie mit Diagrammen, Bildern oder Videosequenzen.

Tipp

Wechseln Sie trotz der Möglichkeit zur einheitlichen Darstellung Ihre Präsentationsmethode. Der Einsatz z.B. eines Originals oder eines Modells verringert die Gefahr der Monotonie durch ein gleichförmiges Vorgehen.

Eine Rede ist mehr als eine gelungene Präsentation. Von der ruhigen, Sympathie weckenden Einleitung über die darstellende Erzählung spannt sich der Bogen einer gelungenen Rede. Über den Beweis der These und die Widerlegung möglicher Einwände beschleunigt sich der Redefluss. Ein guter Redner packt das Publikum bei den Gefühlen, reißt es mit – und braucht dazu keine Hilfsmittel wie Computer und Beamer. Diese nehmen ihm die Ausstrahlung, da sich das Publikum auf die Bilder konzentriert und der Redner im Dunkeln steht. Dies ist wohl der schwerwiegendste Nachteil einer Präsentation mithilfe dieser Geräte.

Tipp

Wenn Sie sich Ihrer rhetorischen Fähigkeiten und Ihrer Ausstrahlung sicher sind, planen Sie einen möglichst kurzen Einsatz eines Beamers. Lassen Sie Ihre Persönlichkeit wirken.

Stehen Sie dagegen am Anfang Ihrer rhetorischen Karriere, so nutzen Sie die Möglichkeiten der multimedialen Präsentation, um Sicherheit zu gewinnen und in den Redefluss zu finden.

Der Einsatz eines Beamers ist stets dann gerechtfertigt, wenn große Datenmengen visualisiert oder viele Bilder dargestellt werden sollen.

4.3 Pannenmanagement

Auch die genaueste Planung und die sorgfältigste Vorbereitung verhindern nicht immer, dass Sie während Ihrer Präsentation in eine unvorhergesehene Situation kommen: Der Tageslichtprojektor stellt seinen Dienst ein, die Reihenfolge der Folien stimmt plötzlich nicht mehr oder Sie bleiben bei Ihrem Vortrag einfach stecken. In dieser unangenehmen Lage müssen Sie zeigen, wie souverän Sie sich auf dem Parkett der Präsentation bewegen können. Die folgenden Hinweise helfen Ihnen, das Problem in den Griff zu bekommen.

Tipp

Dabei lautet die wichtigste Grundregel: Bleiben Sie ruhig, vermitteln Sie einen sicheren Eindruck und entschuldigen Sie sich nicht.

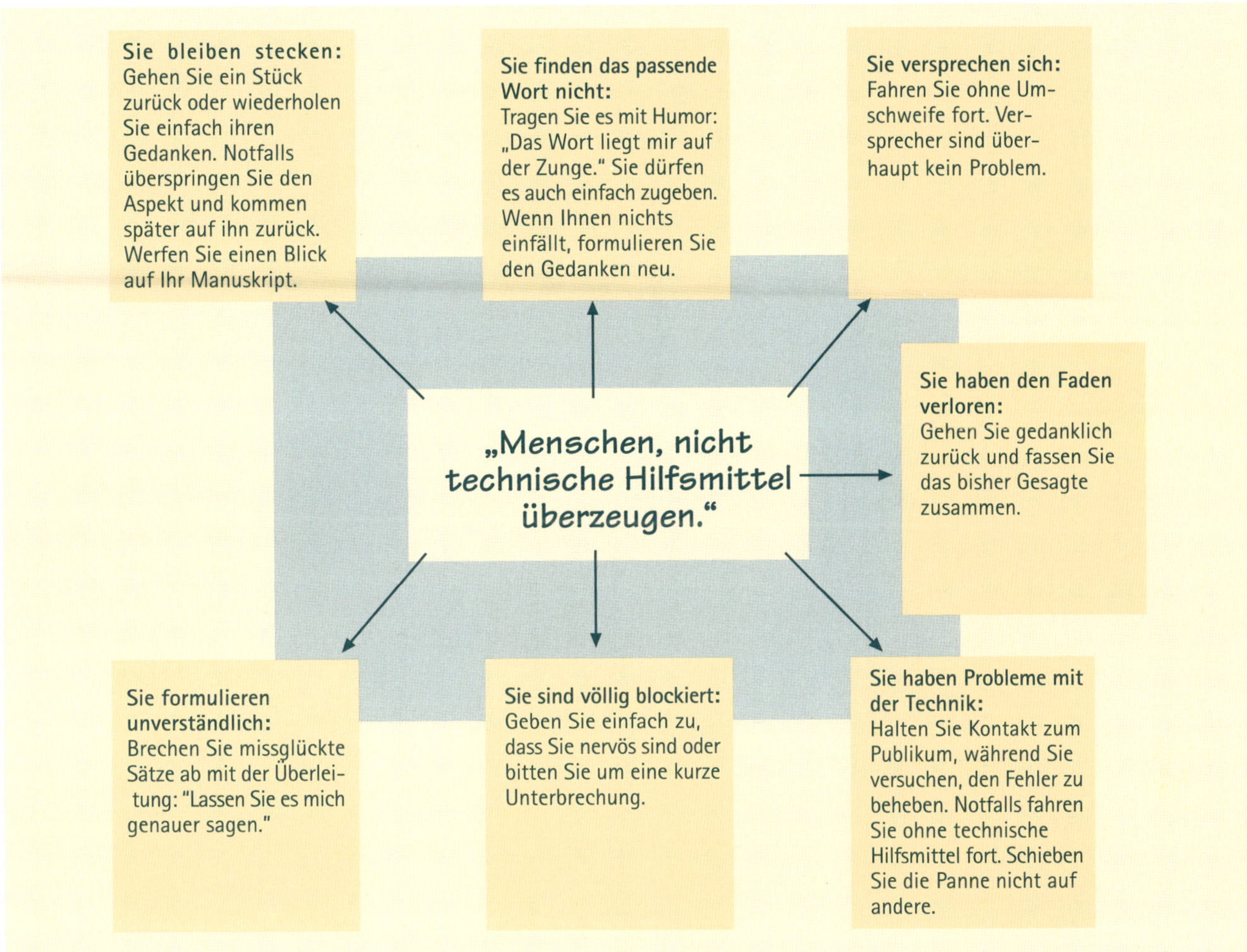

4.4 Alles klar?

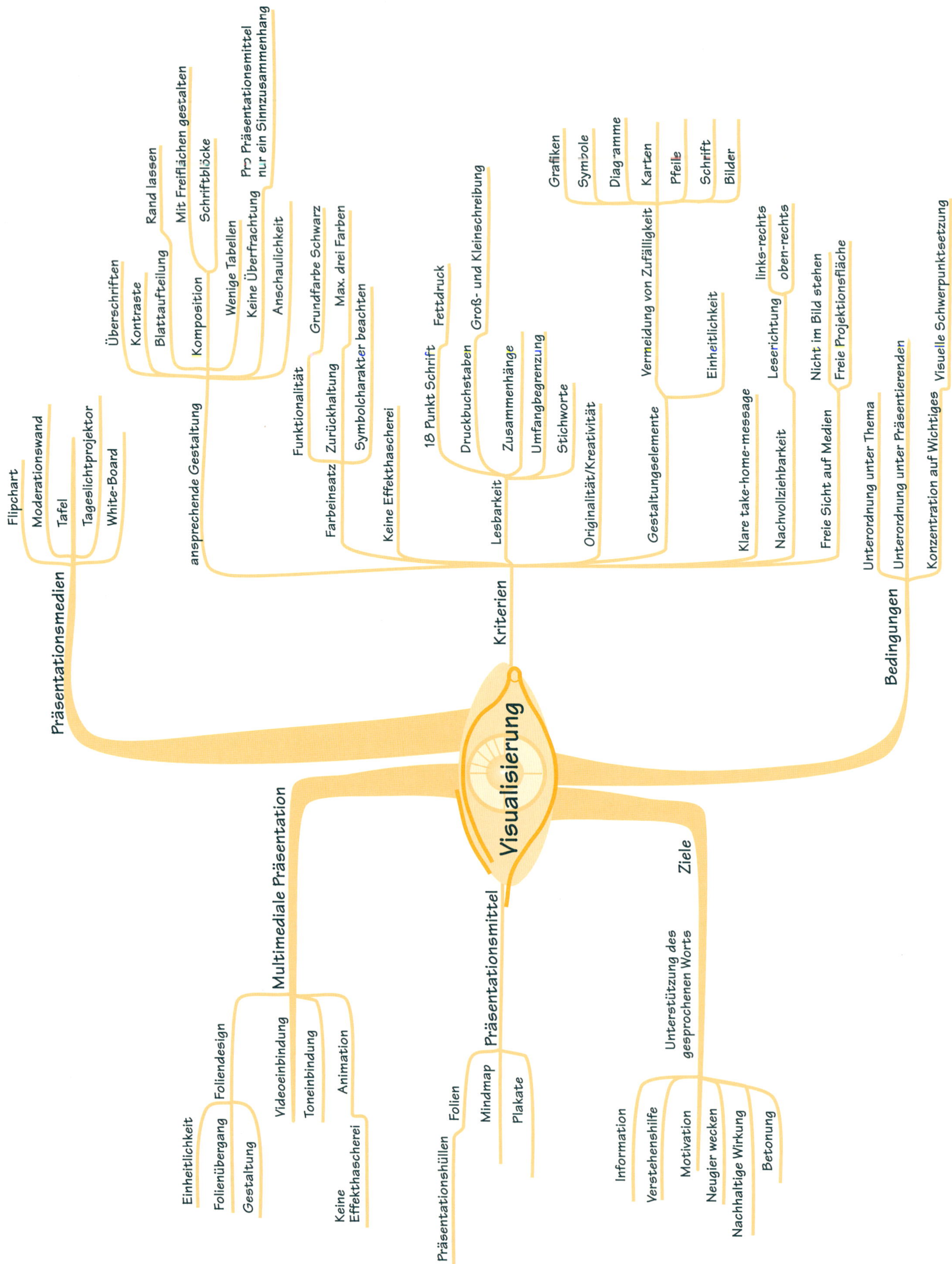
Visualisierung
Präsentationsmedien
Flipchart
Moderationswand
Tafel
Tageslichtprojektor
White-Board
Kriterien
ansprechende Gestaltung
Überschriften
Kontraste
Blattaufteilung
Rand lassen
Mit Freiflächen gestalten
Komposition
Schriftblöcke
Wenige Tabellen
Keine Überfrachtung
Pro Präsentationsmittel nur ein Sinnzusammenhang
Anschaulichkeit
Farbeinsatz
Funktionalität
Zurückhaltung
Grundfarbe Schwarz
Max. drei Farben
Symbolcharakter beachten
Keine Effekthascherei
Lesbarkeit
18 Punkt Schrift
Fettdruck
Druckbuchstaben
Groß- und Kleinschreibung
Zusammenhänge
Umfangbegrenzung
Stichworte
Originalität/Kreativität
Gestaltungselemente
Vermeidung von Zufälligkeit
Grafiken
Symbole
Diagramme
Karten
Pfeile
Schrift
Bilder
Einheitlichkeit
Klare take-home-message
Nachvollziehbarkeit
Leserichtung
links-rechts
oben-rechts
Freie Sicht auf Medien
Nicht im Bild stehen
Freie Projektionsfläche
Bedingungen
Unterordnung unter Thema
Unterordnung unter Präsentierenden
Konzentration auf Wichtiges
Visuelle Schwerpunktsetzung
Multimediale Präsentation
Foliendesign
Einheitlichkeit
Folienübergang
Gestaltung
Videoeinbindung
Toneinbindung
Animation
Keine Effekthascherei
Präsentationsmittel
Folien
Präsentationshüllen
Mindmap
Plakate
Ziele
Unterstützung des gesprochenen Worts
Information
Verstehenshilfe
Motivation
Neugier wecken
Nachhaltige Wirkung
Betonung

5 Die schriftliche Seminarkursarbeit

5.1 Ein Wort zuvor

In den folgenden Kapiteln finden Sie vielfältige und praxisorientierte Aufgaben und Übungen zu inhaltsbezogenen und formalen Aspekten einer schriftlichen Arbeit – ob Seminarkursarbeit, Referat, Facharbeit oder Besondere Lernleistung. Wenn es Ihnen gelingt, eine schriftliche Arbeit überzeugend und erfolgreich zu verfassen, bewegen Sie sich bereits auf dem Niveau studienorientierten Arbeitens – weitaus mehr als bei Klausuren, wo es bekanntermaßen darum geht, zum festgelegten Zeitpunkt Fakten, Daten, eben reproduzierbares Wissen zu zeigen. Einen Erkenntnisprozess verständlich darzustellen, eigenständige Wege der Problemlösung zu finden in inhaltlicher und formaler Hinsicht – hier haben Sie Gelegenheit, im geschützten Rahmen Schule hochschulgerechte Arbeitsweisen kennenzulernen und zu erproben.

Alle folgenden Übungen können Sie selbstverständlich alleine absolvieren, der Reihe nach oder jeweils zu bestimmten Gesichtspunkten. Das Verfassen einer schriftlichen Arbeit ist schließlich Ihre Individualleistung. Eine unserer Meinung nach effektivere und kommunikativere Methode ist es, die speziell gekennzeichneten Übungen zu themenbezogenen Stationen zusammengefasst als Lernzirkel auszuführen, im Seminarkursunterricht und von Ihrer Lehrkraft organisiert. Dabei durchlaufen und bearbeiten Sie innerhalb eines vorgegebenen Zeitrahmens einzelne Stationen – zusammengestellt aus Übungen dieser Kapitel – im Team und profitieren gegenseitig vom Können der einzelnen Gruppenmitglieder. Das bringt vielfältigere und umfassendere Ergebnisse in kürzerer Zeit, als wenn Sie alleine an Ihrem Schreibtisch den Bleistift zerkauen.

5.2 Struktur und Gliederung der Arbeit

Vom Manuskript zur Gliederung

Sie haben bereits viele Informationen zu Ihrem Thema recherchiert und zusammengetragen, erste Ideen fürs Schreiben stellen sich ein, Exzerpte wichtiger Quellen belagern Zentimeter um Zentimeter Ihres Schreibtisches. Was nun? Sie wollen ja den Überblick nicht verlieren.

↳ Benutzen Sie zu ersten Strukturierungen Ihres Themas verschiedenfarbige Kärtchen in ausreichender Anzahl:
- pro Themenbereich eine Farbe und
- pro Information/Themenaspekt ein eigenes Kärtchen.

Somit können Sie jederzeit die Reihenfolge verändern, neue Erkenntnisse einfügen, Überholtes aussortieren, ohne den Durchblick zu verlieren.

↳ Werfen Sie aussortierte Kärtchen auf keinen Fall zu früh weg! Vielleicht brauchen Sie sie noch.

↳ Überlegen Sie, welche Gliederungsstrategie Sie verfolgen wollen. Möglich sind:
- vom Allgemeinen zum Besonderen – oder andersherum,
- von vergangenen Zeiten in die Gegenwart,
- von einer Problemstellung über mögliche Lösungswege zu einer abschließenden Wertung oder
- über Vergleiche verschiedener Standpunkte zu Aspekten Ihres Themas.

↳ Wie auch immer Sie sich entscheiden: Aus diesen Überlegungen entsteht das Inhaltsverzeichnis!

Die Gliederung

Die Gliederung Ihrer Arbeit zeigt einerseits Ihre Kenntnisse und Erkenntnisse zum Thema, andererseits legen Sie darin das quantitative und qualitative Verhältnis der Kapitel zueinander fest. Deshalb muss die Gliederung zuallererst Ihrem Thema und Ihrer zentralen, erkenntnisleitenden Fragestellung dienen (siehe Seite 81 ff.). Während des Entstehungsprozesses Ihrer Arbeit kann es durchaus zu Änderungen in der Anordnung oder zu Ergänzungen oder Verwerfungen einzelner Kapitel kommen. Immer aber ist die Gliederung das Universalhandwerkszeug für den Zugang zu Ihrer schriftlichen Arbeit und zur leichten und schnellen Orientierung. Als Inhaltsverzeichnis wird sie schließlich in eine ansprechende äußere Form gebracht. Noch nicht überzeugt? Dann stellen Sie sich vor, von riesigen Gebirgen angesammelten Stoffes umgeben zu sein – oder aber oben zu stehen, den Überblick zu haben und damit wertvolle Zeit anderweitig zur Verfügung zu haben. Entscheiden Sie sich.

Strukturieren und Gliedern

Von einer Struktur oder gar einer Gliederung kann bei dem folgenden Wortsalat keine Rede sein. Lesen Sie deshalb die Begriffe aufmerksam durch und erstellen Sie eine sinnvolle Gliederung. Selbstverständlich können Sie gegebenenfalls Begriffe ergänzen.

M Wortsalat

Der Blues 1950 New Orleans 1930 Spirituals 1940

Charlie Parker Louis Armstrong Modern Jazz

1910 Ornette Coleman 1960

Dixieland Cool Jazz

Swing Free Jazz

Benny Goodman Wurzeln des Jazz

Traditional Jazz 1920

Miles Davis Bebop 1900 Worksongs Chicago

Die Gliederung

Entwerfen Sie eine Gliederung für eine Abhandlung zum Thema „Afrika – ein schillernder Kontinent“.

Hilfsmittel: Vom betreuenden Lehrer bereitgestellte Literatur und Anschauungsmaterial.

Hinweis: Die Abfolge der für den Lernzirkel vorgesehenen und gekennzeichneten Übungen sowie eine Einführung in dessen Methode und Organisation finden Sie im Lehrerband.

Von der Gliederung zum Inhaltsverzeichnis

Sie sind dabei, die wichtigsten Schritte auf dem Weg zur formalen und zur inhaltlichen Ordnung Ihrer Arbeit zu gehen. In Ihren Gedanken, aber auch auf Ihrem Konzeptpapier haben sich Gerüst und Struktur Ihres Vorgehens als Gliederung gefestigt. Diese Gliederung gilt es nun zum Inhaltsverzeichnis zusammenzufassen – zur Orientierung für den Leser, aber auch für Ihren eigenen Überblick. Das Inhaltsverzeichnis als Verpackung Ihrer Gliederung ist der erste und entscheidende optische Eindruck Ihrer Arbeit – und damit ein wesentlicher Faktor bei der Gesamtbeurteilung. Erinnern Sie sich an Ihr anfänglich unübersichtliches Stoffgebiet. Nun haben Sie die dazu passende „Landkarte“.

Gliederung und Inhaltsverzeichnis

Im Folgenden finden Sie eine ganze Reihe von Gliederungspunkten zum Thema „Die Architektur der Moderne am Beispiel Berlins", die sich zu einem übersichtlichen Inhaltsverzeichnis zusammenfügen lassen. Ordnen Sie die angeführten Gliederungspunkte in das beiliegende Raster so ein, dass sich ein stimmiges Inhaltsverzeichnis ergibt. Es sind dabei alle Leerstellen mit Inhalten zu füllen.

M Die Architektur der Moderne am Beispiel Berlins

Vorwort – Literaturverzeichnis – Der Siemenskonzern: vom Handwerksbetrieb zum Weltunternehmen – Einleitung – Entwicklungsgeschichte der Siemensstadt – Ein neuer Stil in einer neuen Zeit – Schlussbetrachtung – Bildnachweis – Unterschiede zu früher – Die Notwendigkeit einer Arbeiterstadt – Das Haus Feudenberg – Architektur als soziale Herausforderung – Die Entwicklung der Siemensstadt bis heute – Moderne Häuser in Berlin-Mitte – Weitere Arbeitersiedlungen – Der Fall Berlin – Die Architektur der Moderne

Die Architektur der Moderne am Beispiel Berlins

1 ______________________________

2 ______________________________

___ *Die Architektur der Moderne*

  3.1 ______________________________

  ___ ______________________________

  ___ ______________________________

4 ______________________________

  ___ *Das Beispiel Siemensstadt*

    4.1.1 ______________________________

    ___ ______________________________

    ___ ______________________________

    ___ ______________________________

    ___ ______________________________

  ___ *Berliner Häuser*

    ___ ______________________________

    ___ ______________________________

___ ______________________________

6 ______________________________

___ ______________________________

Das Inhaltsverzeichnis
Vor Ihnen liegen drei Inhaltsverzeichnisse zu den Themen:
Familie in der Spaßgesellschaft – Verliert die traditionelle Familie an Bedeutung?
Hedonismus in der Kunst der Spaßgesellschaft.
Pädagogische Reformansätze in der Moderne – Rudolf Steiner und die Waldorfschule
Stellen Sie tabellarisch gegenüber, was Ihnen gelungen erscheint und an welchen Punkten Sie Verbesserungsbedarf sehen.

M Inhaltsverzeichnis zu „Familie in der Spaßgesellschaft“

INHALT

M Inhaltsverzeichnis zu „Hedonismus in der Kunst der Spaßgesellschaft"

INHALTSVERZEICHNIS

M Inhaltsverzeichnis zu „Pädagogische Reformansätze in der Moderne“

<u>Inhaltsverzeichnis</u>

1. Vorwort

2. Einleitung

3. Biografie Steiners

4. Schulsituation um 1900

5. Die erste Waldorfschule

    5.1. Beweggründe Steiners
    5.2. Gründung
    5.3. Prinzipien
    5.4. Schulalltag
    5.5. Weiterentwicklung

6. Waldorfschulen heute

7. Kritik

8. Fazit/Auswertung

9. Literatur-/Quellenangaben

Folgende Punkte sollten Sie bei Ihrer Gliederung beachten:

- Um die Teile Ihrer Arbeit zu ordnen und zu klassifizieren, entscheiden Sie sich für ein Gliederungssystem, das Sie unbedingt durchgehend beibehalten.
  Üblich ist die fortlaufende, gestufte Abschnittsnummerierung:
  5 Die schriftliche Seminarkursarbeit
  5.1 Struktur und Gliederung der Arbeit
  5.1.1 Vom Manuskript zur Gliederung

- Für einen sehr schnellen Überblick empfehlen wir, Überschriften ersten Grades zusätzlich durch Schriftgröße, Unterstreichen oder Fettdruck hervorzuheben.

- Gliedern Sie möglichst tief, aber nicht um jeden Preis. Das ist leichter gesagt als getan: Zu viele Unterkapitel oder Unterkapitelchen wirken verwirrend und setzen Sie nur unter Arbeitsdruck. Behalten Sie sich deshalb zahlreiche Untergliederungen – mehr als drei – für umfangreiche Kapitel vor.

- Alle Nummerierungen und alle Überschriften müssen später im Fließtext genauso auftauchen.

- An den rechten Rand des Inhaltsverzeichnisses gehört die Seitenzahl, mit der das jeweilige Kapitel beginnt – übrigens ohne das Wort „Seite".

Tipp

Zum Umfang einer Seminarkursarbeit – ungefähr 20 Seiten – passt in der Regel ein Inhaltsverzeichnis von einer Seite.

Die verschiedenen Teile der Arbeit

Beobachten Sie sich: Wie lesen Sie? Gleichmäßig Seite für Seite? Oder wollen Sie zuerst etwas wissen über die Autoren und deren Veranlassung, dieses Buch zu schreiben, über das Thema, die Fragen, die dieses Buch beantworten soll und den Nutzen für Sie als Leser, über die Herkunft interessanter und nützlicher Bilder, Zitate und Quellen – und das Ganze in der von Ihnen gewählten Reihenfolge? Dann sind Sie in guter Gesellschaft!

Darum braucht Ihre Seminarkursarbeit:

- einen wohlformulierten Titel
- ein Inhaltsverzeichnis
- möglicherweise und nach Ihrem Bedarf ein Vorwort
- eine Einleitung
- einen inhaltlich strukturierten Hauptteil mit einem kurzen, zusammenfassenden Fazit, gegebenenfalls mit einem Ausblick auf weitere Untersuchungen und Überlegungen und mit kritischem Bezug zu den Fragestellungen Ihrer Einleitung
- ein Literaturverzeichnis für alle Quellen, die Sie als Verfasser zu Rate gezogen haben
- Nachweise für verwendete und abgedruckte Bilder und Zitate
- möglicherweise einen Anhang, der Materialien enthält, die den Text des Hauptteils überlasten würden, aber zur Verdeutlichung Ihrer Ausführungen unerlässlich sind

Tipp

Bei der Seitenzählung wird ein Anhang nicht mitgezählt. Allenfalls erhält er eine eigene Nummerierung in römischen Ziffern.

Vorwort und Einleitung
Im folgenden Text sind Vorwort und Einleitung durcheinander geraten. Stellen Sie tabellarisch gegenüber, welche Textteile in das Vorwort, welche in die Einleitung gehören. Zur Vereinfachung können Sie mit den vorangestellten Ziffern arbeiten.

M Das Ehrenamt in der Spaßgesellschaft

1 *Spaß* bedeutet Zerstreuung, Zeitvertreib und Vergnügen. 2 Ich kann auf ein sehr interessantes und anstrengendes Jahr zurückblicken. 3 Diese oder ähnliche Erklärungen findet man in einem Lexikon. 4 Trotz des riesigen Arbeitsaufwands hat es mir Spaß gemacht, mich mit einem selbstgewählten, außerschulischen Thema derart intensiv zu beschäftigen. 5 Ich widme diese Arbeit allen Ehrenamtlichen und freiwillig Engagierten, die Zeit, Kraft und Kreativität einsetzen, um anderen zu helfen und um etwas für das Gemeinwohl in unserer Gesellschaft zu tun. 6 Viele Schriftsteller, Journalisten und Politiker sind der Meinung, dass der soziologische Begriff *Spaßgesellschaft* ein von den Medien geschaffenes Wort ist. 7 Mit der Abgabe dieser Arbeit habe ich einen Großteil des Seminarkurses geschafft. 8 *Gesellschaft* ist im weitesten Sinne die Verbundenheit von Lebewesen im selben Lebenszusammenhang und weist auf ein strukturiertes Beziehungssystem hin. 9 Das wichtigste Dokument, das diesem Bericht zugrunde liegt, ist der *Freiwilligensurvey 1999*, die momentan umfangreichste Untersuchung von Ehrenamt, bürgerschaftlichem Engagement und Freiwilligenarbeit in Deutschland. 10 In jeder Altersgruppe, von Jugendlichen bis hin zu den Senioren gibt es Ehrenamtliche. 11 Seminarkurs – das heißt zu lernen, wie man erfolgreich einen Vortrag hält, richtig Ergebnisse präsentiert und eine solche Arbeit schreibt. 12 Er ist eine Möglichkeit, Fähigkeiten während der normalen Schulzeit zu erlernen, die auch später noch von großem Nutzen sind. 13 Doch kann man diese beiden Begriffe so einfach zu dem Ausdruck *Spaßgesellschaft* zusammenfassen? 14 Das Ehrenamt ist eine der wichtigsten Stützen unserer Gesellschaft, aber kaum jemand weiß, wie viele Menschen sich wirklich freiwillig engagieren. 15 An dieser Stelle möchte ich mich bei den betreuenden Lehrern bedanken, die viel Zeit und Energie eingesetzt haben, um uns Schülern oben genannte Fähigkeiten beizubringen. 16 Viele nicht ehrenamtlich tätige Menschen glauben, dass für freiwillige Arbeit die eigene Freizeit „geopfert" werden muss. 17 Sie sehen dies als Last – und nicht als Spaß. 18 Ich bin froh darüber, diese Möglichkeit wahrgenommen zu haben.

Vorwort und Einleitung
Fassen Sie schriftlich kurz zusammen, worin die Aufgaben von Vorwort und Einleitung bestehen. Recherchieren Sie dazu in einschlägigen Werken die Definitionen dieser Begriffe.

Tipp

Der Hauptteil soll immer den Schwerpunkt Ihrer Arbeit ausmachen! Gewichten Sie ihn ähnlich dem Hauptteil einer gelungenen Präsentation mit etwa 75 % des Seitenumfangs Ihrer Seminarkursarbeit.

Guter Wein muss lagern. Ihre bisherigen Gedanken und Erkenntnisse auch. Gönnen Sie sich deshalb mit gutem Gewissen schöpferische Pausen und lassen Sie Ihr Thema reifen. Umso mehr sind es aber unerwartete Ideen, blitzartige Eingebungen wert, sofort an geeigneter Stelle notiert zu werden.

5.3 Inhalt und Gehalt der Arbeit

Das Thema und die erkenntnisleitende Fragestellung

Ihre Seminarkursarbeit ist nichts anderes als eine schriftliche Form der Präsentation und damit eine ebenso wichtige Etappe auf dem Weg zum Seminarkursziel. Sie bedient sich zwar anderer Methoden, unterliegt aber denselben Grundfragen:

- Welches Ziel, hier: welche zentrale Fragestellung verfolge ich bei meiner Auseinandersetzung mit meinem Thema?
- Wie beziehe ich alle Teile meiner Arbeit darauf?
- Kann ich mich auf fundierte Recherchen und gewissenhaft gesammelte Informationen und Materialien berufen?

Auf dem besten Wege, eine im Wortsinn und in der Benotung *sehr gute* Arbeit zu schreiben – egal ob im Seminarkurs oder später an der Universität – sind Sie, wenn Sie folgendes Motto berücksichtigen: „Eigenständigkeit statt Reproduktion". Bei einer wissenschaftlichen Arbeit – und dazu zählt auch die Seminarkursarbeit – geht es nicht ausschließlich darum, Daten und Fakten zusammenzutragen, sondern vor allem sollen Zusammenhänge hergestellt und aufeinander bezogen werden. Auf diese Weise kann die zentrale Fragestellung, die der Arbeit zugrunde liegt und die den Lesern in allen Teilen der Arbeit präsent sein sollte, beantwortet werden.
Die Grundfragen dieses Kapitels können Ihnen bei diesem Vorgehen helfen. Schauen Sie immer wieder auf diesen wertvollen Kompass, auch im Interesse eines effektiven Umgangs mit Ihrer Zeit. Ebenso sinnvoll sind Sachfragen an Ihre Textquellen, denn sie erleichtern den Weg[1].

[1] Siehe Kapitel 1, S. 11f.

Tipp

- Formulieren Sie Teilfragen und Ihre zentrale Fragestellung möglichst *offen*. Am besten dazu geeignet sind *W-Fragen*, denn sie fordern inhaltsreiche Antworten ein. Möglich sind „wer", „was", „wann", „wo", „wohin". Am meisten bewährt haben sich die Fragestellungen „wie" und „warum" sowie vor allem „Welche Bedeutung hat ...". Probieren Sie aus.

Zur Fragetechnik
Sie sind bei einer wichtigen Recherche. Sie wollen einen Bericht über die Kursstufe am Gymnasium schreiben. Überlegen Sie sich zehn W-Fragen, auf die Sie in Ihrem Bericht eingehen möchten. Befragen Sie dazu auch Schülerinnen und Schüler sowie Lehrkräfte Ihrer Schule.

Folgende Textausschnitte sind sehr informativ. Erarbeiten und formulieren Sie die zentrale erkenntnisleitende Fragestellung, auf die der Autor in seinem Text eine Antwort gibt. Nutzen Sie Fragen an den Text als wertvolle Hilfestellung.

M Übersetzen, überliefern, übertragen

Lesen wir ein Evangelium in deutscher Sprache, so lesen wir eine Übersetzung. Alle Worte, die wir lesen, gehören in unsere eigene Sprache, in unsere eigene Welt. Die Vorstellungen, die wir uns machen, die Bilder und Assoziationen, die einzelne Worte oder Wendungen auslösen mögen – all das sind Teile unserer Welt. Auch geschichtliche Vorstellungen gehören dazu. Wir stellen uns das vergangene Geschehen, das vielleicht im Text beschrieben wird, so vor, wie wir uns die Vergangenheit vorstellen, eingezeichnet in unsere Kenntnis und Vorstellungskraft. [...] Wenn wir verschiedene Übersetzungen vergleichen, bemerken wir an den Unterschieden, dass ihre Wirkungen keineswegs übereinstimmen. Eine alte Lutherübersetzung löst andere Vorstellungen aus als eine ganz neue Übersetzung oder gar Übertragung, bei der nicht die wörtliche, wohl aber die sinngemäße Übereinstimmung mit dem ursprünglichen Text beabsichtigt wird. Wir befinden uns in verschiedenen „Welten“ und entsprechend unterschiedlich sind die Bilder, die wir uns vom Gelesenen machen. Sie spielen beim Verstehen eine große Rolle, denn wir können nicht verstehen, ohne uns Vorstellungen zu machen. Überhaupt sind es ja nicht nur die Verschiedenheiten der Sprachen, die das Übersetzen nötig machen, sondern gerade auch die Verschiedenheiten der Zeiten, zu denen Texte oder Leser gehören.
In den letzten Jahrhunderten vor Christus wurden die hebräischen Schriften Israels ins Griechische übersetzt; wir nennen diese griechische Bibel, die später zum christlichen Alten Testament wurde, Septuaginta[2)] (LXX). Diese Sammlung von Übersetzungen heiliger Texte wurde gleichsam zur Bibel des damaligen Griechisch sprechenden Judentums und so auch der Verfasser des Neuen Testaments. Als es dann zwischen Juden und Christen zum Streit um Christus kam, stand auch die Frage zur Entscheidung, ob die griechische Bibel denn überhaupt in gleicher Weise wie die hebräische Gottes Wort sein könne. [...] Auch dieser Streit zeigt übrigens sinnfällig, dass Übersetzungen nie identisch mit ihren Originalen sein können. Jede Übersetzung stellt bereits eine Form der Interpretation dar; für die Septuaginta ist darüber hinaus sehr eingehend erforscht worden, in wie hohem Maße in den einzelnen Schriften Angleichungen an die modernere, hellenistische Verstehenswelt, aber auch Neuinterpretationen, Vermeidung von Missverständlichem oder gar Anstößigem aufzuweisen sind. Dazu kommt der Sachverhalt, dass die Septuaginta an Umfang über den Text der hebräischen Bibel hinausgeht. Dieser Umstand ist für das Neue Testament deshalb von so großer Bedeutung, weil es gerade die so übersetzten heiligen Schriften waren, die neue Erzählinhalte, die später zu „Tatsachen“ wurden, hervorgebracht haben. [...]
Mit jeder Übersetzung entsteht ein neuer, anderer Text, auch wenn es „derselbe“ ist. Und er hat seine eigenen Wirkungen, die nur von ihm, nicht vom Original ausgehen. Er stellt folglich eine eigene Wirklichkeit dar und bildet eigene Zugänge zu ihr. Er bildet selber eine neue Wirklichkeit; sie ist es, die nun von den Lesern oder Hörern wahrgenommen wird. Denn der neue Text enthält die Entscheidungen, Kommentare, Interpretationen des Übersetzers, er enthält die Bedeutungen, die dieser im Text erkannte, er enthält sein Verständnis – und damit auch sein Verständnis seiner Zeit und Welt. [...] Genau genommen ist sogar jedes Lesen eine Übertragung – eine Art metaphorischer Prozess –, auch dann, wenn ich nicht aus der Ursprache in die eigene übersetze. Denn ich verschaffe dem, was ich als Bedeutung des Textes erkenne, Zugang zu meiner eigenen Vorstellungswelt. [...] Es ist also keine Not, sondern Notwendigkeit, dass wir dem Text beim Lesen den Vorrat unserer Bilder und Anschauungen nicht entziehen. Aber sie dürfen den Text nicht verdrängen und sich nicht an seine Stelle setzen. Dies geschieht oft genug. Dann meint man zu wissen, dass es nur so gewesen sein kann und nicht anders; dann hat das Gelesene den eigenen Vorstellungen zu gehorchen.
Das gilt auch für die Übersetzungen selbst. Sie sind letztlich Transportmittel, Übertragungsmittel von Texten, deren Sprache wir nicht mehr verstehen. Immer waren es folgenreiche Entwicklungen, wenn Übersetzungen exklusiv an die Stelle der ursprünglichen Texte traten. Dies gilt beispielsweise, wie oben angedeutet, für die Septuaginta; es gilt ebenso für die lateinische Bibel des Mittelalters, die Vulgata, es gilt für die deutsche Übersetzung Martin Luthers und viele weitere Beispiele.

Eckart Reinmuth, Hermeneutik des Neuen Testaments. Eine Einführung in die Lektüre des Neuen Testaments, Göttingen 2002, S. 39 f., 42 – 44

2) Lat. „siebzig“; nach der Legende von 72 Gelehrten verfasst.

Zum inhaltlichen Aufbau

Sie haben Ihre zentrale Fragestellung formuliert. Ihnen ist das Ziel Ihrer Arbeit damit klar. Es bleibt der Weg! Der berühmte rote Faden kommt ins Spiel: Von Ihrer Fragestellung ausgehend planen Sie – im Hauptteil – eine Strategie des Vorgehens. Die hängt ganz entscheidend von der Art Ihres Themas ab und soll bereits am Titel Ihrer Arbeit, am Inhaltsverzeichnis und an den Überschriften der Unterkapitel ersichtlich werden. Unbedingt zu beachten sind:

- die Einheitlichkeit: Sie bleiben auf dem einmal eingeschlagenen Weg.
- die Folgerichtigkeit: Niemand darf sich verirren, weder Sie als Autor noch die Leser.

Der rote Faden

Betrachten Sie noch einmal das Inhaltsverzeichnis einer Seminarkursarbeit zum Thema „Der Hedonismus in der Kunst der Spaßgesellschaft“ (S. 77).
Beschreiben Sie mit einigen passenden Begriffen die Strategie des Autors.

Tipp

Im Interesse des Lesers, aber auch zu Ihrer Selbstkontrolle: Greifen Sie immer wieder den roten Faden Ihrer Arbeit auf, beispielsweise indem Sie zu Beginn eines Kapitels Ihr Vorgehen erklären. Oft noch besser: Machen Sie am Ende eines Kapitels Appetit auf das folgende, so wie bei einem gelungenen Menü.

5.4 Ausdruck und sprachliche Gestalt

Die Sicht des Autors – Die Sicht des Lesers

Wir alle haben Sinne und Wahrnehmungskanäle, die wir beim Aufnehmen und beim Verarbeiten von Informationen nach Bedarf, aber auch nach individueller Veranlagung häufig oder selten einsetzen:

Das Aufnehmen und Verarbeiten von Informationen läuft hauptsächlich über Bilder und/oder Texte, also visuell ab.

Das Aufnehmen und Verarbeiten von Informationen läuft hauptsächlich über das Gehörte, also auditiv ab.

Das Aufnehmen und Verarbeiten von Informationen läuft hauptsächlich über das eigene Begreifen und Tun, über Fühlen, Riechen, Schmecken, also kinästhetisch ab.

Schließen Sie die Augen und denken Sie an „Nordsee“. Was nehmen Sie spontan wahr? Sehen Sie Dünen, Strand und das Meer? Hören Sie die Brandung? Oder schmecken Sie das Salz auf Ihren Lippen? Wenn Sie wollen, machen Sie noch weitere eigene Erfahrungen mit „Katze“, „Vivaldi“ und „Computer“.

Sie werden gemischte Wahrnehmungen gehabt haben – oder erstaunlich einheitliche. Alle sind gleichwertig. Sie haben eben nur Ihren Hauptwahrnehmungskanal kennengelernt oder aber die Vielseitigkeit Ihrer Wahrnehmungsmöglichkeiten. Übertragen Sie dies nun auf Ihr Thema, mit dem Sie sich beschäftigt haben: Wie wird es dem Leser damit gehen? Wird er sich angesprochen fühlen? Kann er sich in Ihre Gedankengänge hineinversetzen? Bedienen Sie sich der Möglichkeiten unserer Sprache. Schreiben Sie für sich, vollständig, eindeutig, logisch. Aber bedenken Sie auch Ihre Leser. Formulieren Sie anschaulich und packen Sie Ihre Leser durch Verwendung aller Sinneskanäle in Ihrer Sprache. Wie Ihnen das gelingt, üben Sie mit den Aufgaben der folgenden Kapitel.

Anschaulichkeit und Bildhaftigkeit in der Sprache

Ein guter Autor ist jemand, der bewirkt, dass die Leser mit den Augen hören können.
(Nach einem arabischen Sprichwort)

Unterschiedliche Wahrnehmungskanäle

Folgende Begriffe und Redewendungen können Sie für einen sinnhaften und damit anschaulichen Schreibstil nutzen. Zuerst müssen Sie sie allerdings ordnen. Welche Begriffe bedienen den visuellen, welche den auditiven und welche den kinästhetischen Wahrnehmungskanal? Versuchen Sie anschließend, für alle drei Bereiche fünf weitere Beispiele zu finden.

Durchblick, offensichtlich, greifbar, monoton, geschmackvoll, einstimmen, halten, warm, trüb, scheinbar, Gedankenblitz, Stimmung, Gerücht, Standpunkt, bezeichnen, betonen, aufhören, berühren, packend, zusammenfassen, mitbringen, Geschmack, Harmonie, Vorschau, Blickwinkel, veranschaulichen, ankündigen, hörbar, schweigen, mündlich, farbig, entgegenstehen

Sind Sie auf den Geschmack gekommen? – Wie die Faust aufs Auge - Eine Audienz geben – Legen sie die Karten auf den Tisch. – Sie haben einen Blick dafür. – Es wäre Schwarzmalerei, zu sagen… – Man sollte nicht alles gleich ausposaunen – Ich kann mir keinen Reim darauf machen. – Das hat einen bitteren Beigeschmack. – Das passt genau ins Bild. – Hat es bei Ihnen schon „klick“ gemacht? – Das Auge erfreuen – Das ist Musik in meinen Ohren. – Für Leib und Seele

Anschaulicher Schreibstil

„Daraus ergeben sich für Sie folgende Vorteile…“ – Eine einfache Aussage, neutral formuliert. Finden Sie anschaulichere Formulierungen, mindestens eine für jeden Wahrnehmungsbereich.

Tipp

In der Kunst des Vergleichs haben Sie sich bereits im Kapitel zur Rhetorik und Visualisierung (S. 44) geübt. Auch beim Verfassen Ihrer Arbeit ist sie von großem Nutzen. Bei aller Anschaulichkeit und Bildhaftigkeit Ihres Schreibstils können Sie an Grenzen stoßen. Zögern Sie dann auf keinen Fall, zu bewährten Mittel der Visualisierung zu greifen, wie Bilder, Schaubilder, Tabellen oder Diagramme.

Grenzen der anschaulichen Sprache

Der Verfasser des folgenden Auszugs aus einer Seminarkursarbeit ist sehr gründlich vorgegangen bei der Darstellung eines für sein Thema wichtigen Sachverhalts. Die Anschaulichkeit seiner Erkenntnisse ist allerdings noch verbesserungsfähig. Entwerfen Sie eine Alternative, welche die inhaltlichen Fakten ebenso angemessen wiedergibt. Bemühen Sie sich dabei aber um mehr Anschaulichkeit und Klarheit.

M Die Gartenstadt in der Moderne

Die Gartenstadt bedeckt ungefähr den sechsten Teil der Gesamtfläche von 2400 ha. Man kann sie sich in kreisrunder Form vorstellen. Sechs prächtige Boulevards durchschneiden die Stadt als Radien und teilen sie so in sechs gleiche Teile oder Bezirke. In der Mitte befindet sich ein kreisrunder Platz. Um diesen gruppieren sich die größeren öffentlichen Gebäude, wie Rathaus, Theater, Bibliothek, Museum und Krankenhaus, jedes von geräumigen Anlagen umgeben. An diese Baulichkeiten schließt sich ein öffentlicher Park an mit weiten Spiel- und Erholungsplätzen, die für jeden Bewohner leicht erreichbar sind. Rund um diesen Zentralpark liegt eine breite Glashalle, der Kristallpalast, der sich zur Parkseite hin öffnet. [...] Die größte Distanz von der äußeren Stadtperipherie zum Zentrum beträgt 700 Meter. Außerhalb des Kristallpalastes betritt man die fünfte Avenue (von außen gezählt). In mäßigem Abstand folgt die vierte und weiter die große Avenue (dritte von außen, sechster Kreis vom Zentrum aus gezählt). Alle Avenuen sind als konzentrische Kreise ausgebildet, zwischen denen, seitlich begrenzt durch weitere radiale Straßen (beginnend von der fünften Avenue, endend an der äußeren Peripherie) die mit Häusern besetzten Quartiere liegen. Innerhalb dieser Häuserblocks bleiben abermals offene, mit Gärten versehene Plätze frei. Die große Avenue, 130 Meter lang, teilt die Stadt in einen inneren und äußeren Teil und ist mit Parkanlagen versehen. Dahin sollen auf sechs Plätzen die Schulhäuser kommen, von innen und außen gleich gut zu erreichen. [...] Parallel zu den übrigen Kreisen verlaufen dann die zweite und die erste (äußerste) Avenue. An der letzten liegen schließlich die Lagerhäuser, Märkte und Fabriken. Als äußere Umfassung ist eine die ganze Stadt umschließende Ringbahn gedacht [...]. Von den benachbarten Städten wird jede Stadt durch einen 1000 ha großen Grüngürtel getrennt.

Zum Schreibstil

Sie sind im Begriff, Ihre wahrscheinlich erste wissenschaftliche Arbeit zu verfassen – wie der ganze Seminarkurs eine große Herausforderung. Eine angemessene wissenschaftliche Fachsprache ist dabei Voraussetzung. Verwenden und erklären Sie wichtige Fachbegriffe, aber gebrauchen Sie Fremdwörter nicht um jeden Preis. Weitere empfehlenswerte Anregungen zu Ihrem Schreibstil bieten Ihnen die folgenden Aufgaben.

■ Zur Sprache einer wissenschaftlichen Arbeit: Umständlicher Stil

Bei einer gelungenen Seminarkursarbeit kommt dem Stil eine wichtige Bedeutung zu. Lange und komplizierte Schachtelsätze sind bekanntermaßen zu vermeiden. Was sollte außerdem berücksichtigt werden?

a) Viele mit „dass“ beginnenden Sätze lassen sich auf ein einziges Wort reduzieren.

Beispiele:
Es ist bekannt, dass... -> bekanntlich
Es steht zu vermuten, dass... -> vermutlich

Finden Sie zehn weitere Beispiele.

b) Vermeiden Sie überlange Komposita (Wortzusammensetzungen).

Beispiel:
Tapetenmusterkatalogseite -> Seite aus einem Katalog für Tapetenmuster

Finden Sie zehn weitere Beispiele.

c) Vermeiden Sie Tautologien (Sinnverdoppelungen).

Beispiele:
kritischer Einwand
überwiegende Mehrheit
emotionale Gefühle

Finden Sie zehn weitere Beispiele.

■ Zur Sprache einer wissenschaftlichen Arbeit: Dogmatisch-manipulativer Stil

Gefährlich für den wissenschaftlichen, objektiven Charakter einer Seminarkursarbeit sind ein dogmatischer (belehrender) Stil und eine manipulative (Einfluss nehmende) Sprache.

a) Vermeiden Sie unter anderem bei Behauptungen und Thesen absolute Häufigkeitsbegriffe oder Maßausdrücke.

Beispiele:

immer	-> ersetzt durch:	häufig, oft
alle	-> ersetzt durch:	die meisten
völlig	-> ersetzt durch:	sehr

Finden Sie zehn weitere Beispiele.

b) Vermeiden sie Ausdrücke, die eine Notwendigkeit feststellen.

Beispiele:

kann nicht	-> ersetzt durch:	sollte nicht
muss	-> ersetzt durch:	sollte

Finden Sie zehn weitere Beispiele.

c) Eine manipulative Sprache lässt dem Leser keine Chance, seine Gedanken in die Diskussion einzuwerfen. Friedrich Schiller drückte es so aus: „Man spürt die Absicht und ist verstimmt.“

Beispiele:

Wie bekannt ist -> ersetzt durch: ich denke/ich meine
Wie jeder vernünftige Mensch weiß
-> ersetzt durch: ich bin der Ansicht

Finden Sie zehn weitere Beispiele.

Nun machen Sie die Probe aufs Exempel: Suchen Sie aus folgendem Text einer Seminarfacharbeit fünf Beispiele für dogmatisch-manipulativen Sprachgebrauch und notieren Sie diese auf einem Blatt.

M Die Familie in der Spaßgesellschaft – Neue Familienformen

Wie schon angesprochen, sind Kinder die Hauptleidtragenden einer Scheidung. Wenn das Elternpaar auseinander geht, erleiden die Kinder immer einen Orientierungsschock. Sie fühlen sich hinsichtlich ihrer Idealbildung und ihres Identitätsgefühls alleingelassen und verunsichert. Wenn die Kinder nun mit ihrer Mutter ein neues familiäres System gründen, so überspielen sie ihre Verunsicherung und ihre Verwirrung bestmöglich. Um die Veränderung ihrer gewohnten Umgebung so gering wie möglich zu halten, wird der leibliche Elternteil in Erinnerungen und Gesprächen immer lebendig gehalten. Da 90 Prozent aller Scheidungskinder nach der Trennung bei der Mutter leben, versuchen die Kinder, den Vater in das Familienleben der Patchworkfamilie miteinzubeziehen. So wird in Anwesenheit des Stiefvaters mit der Mutter über den Vater und gemeinsam erlebte Situationen mit der alten Familie gesprochen. In jedem Gespräch ist die alte Familie wieder vollständig. Durch diese vertrauten und persönlichen Gespräche schließt das Kind den Stiefvater komplett aus dem Gespräch aus, was diesen verletzt. Die Kinder flüchten durch dieses Verhalten in eine Fantasiewelt. Sie nehmen die Patchworkfamilie nicht wahr. Dadurch werden sie unruhig und unaufmerksam, da ihre Gedanken ständig um die ehemalige Familie kreisen. Durch diesen Rückzug wird der Stiefelternteil von den Kindern nicht wahrgenommen, auch wenn er sich aktiv an deren Leben beteiligt und sich bemüht, ein guter Vater zu sein. Es ist dem Stiefvater aber nicht bewusst, wie sehr die Kinder noch mit der alten Familie verbunden sind. So lange die Kinder diese Veränderung in ihrem Leben nicht realisiert haben, wird er nie eine Chance haben, sich als Vaterperson zu behaupten. Er fühlt sich dadurch gekränkt und reagiert mit Zurechtweisungen. Dies führt zu weiteren Konflikten, da sich das Kind keiner Schuld bewusst ist. Es verdrängt ja seinen Stiefvater nicht absichtlich. Der Graben zwischen Stiefkind und Stiefvater wird immer größer. Die Beteiligten sind nicht in der Lage, über ihre Gefühle und Gedanken offen zu reden.

Ein anderes Mittel der Kinder, die alte Familie innerlich zusammenzuhalten, ist die Übertragung der Vaterrolle auf den Stiefvater. Es wird Vertrautheit hergestellt und der Fremde wird nicht wahrgenommen. Für die Patchworkfamilie bedeutet dies, dass das alte familiäre System auf die neue Familie übertragen wird und der Stiefvater keinerlei Chance hat, sich selbst zu behaupten und als eigenständige Person wahrgenommen zu werden. Er fasst dies als Kränkung auf, was in jedem Fall zu neuen Konflikten führt.

Des Weiteren imitieren die Kinder ihren leiblichen Vater. Sie haben mit einem Mal die gleichen Vorlieben wie er, übernehmen seine Meinungen und sein Auftreten. Dadurch fühlt sich der Stiefelternteil gekränkt und sieht die Kinder als Konkurrenz an, da er in ihnen deren leiblichen Elternteil erkennt. Wenn die Kinder dann auch noch gezielt die Vorzüge ihres leiblichen Vater gegen den Stiefvater ausspielen, ist dieser verletzt, da er meint, von seinem Konkurrenten angegriffen zu werden. Was auch immer der Stiefvater sagt, er spricht sich weniger gegen die Kinder als gegen deren leiblichen Elterteil aus. Die Kinder verteidigen logischerweise ihren Vater, um zu verhindern, dass dieser als Vorbild entwertet wird. [...]

Neben den Kindern aus erster Ehe der Mutter oder des Vaters haben die Patchworkeltern häufig noch ein gemeinsames Kind. Seine Position in der Patchworkfamilie ist, wie jeder sich vorstellen kann, nicht mit der der anderen Kinder zu vergleichen. Solche Kinder genießen einen besonderen Status und sind sich ihrer Vorteile bewusst, die sie natürlich gekonnt einsetzen. Von Geburt an leben sie in der Patchworkfamilie, müssen sich also nicht wie ihre Halbgeschwister mit der Problematik einer Scheidung auseinandersetzen. Diese Kinder haben immer ein vertrautes und inniges Verhältnis sowohl zu ihrem Vater als auch zu ihren Halbgeschwistern. Da jene beiden Parteien natürlich oft im Konflikt zueinander stehen, agieren sie als Schlichter und Schiedsrichter. Zudem verfügen sie über ein stark ausgeprägtes Sozialverhalten und über eine große Solidarität ihren Halbgeschwistern gegenüber. Ebenso charakteristisch ist der starke Wille, den ein gemeinsames Kind an den anderen Familienmitgliedern misst. Es will über die anderen Familienmitglieder bestimmen. Allgemein sind diese Kinder sehr tolerant und gegenüber Neuem aufgeschlossen.

Titelwahl und Überschriften

Umständlich oder gar ungeschickt formulierte Titel und Überschriften Ihrer Seminarkursarbeit signalisieren Unbeholfenheit und prägen sich zudem negativ beim Leser ein. Daran kann auch die Qualität Ihres darauffolgenden Textes wenig ändern. Sie sollten daher besonderes Augenmerk auf folgende Fragen legen:

- Entsprechen der Titel Ihrer Arbeit und die Überschriften der jeweils zentralen Aussage?
- Stimmen die in den Überschriften geweckten Erwartungen mit dem jeweiligen Inhalt überein?
- Wecken Ihre Formulierungen in angemessener Kürze und Prägnanz das Interesse der Leser?

Tipp

Benutzen Sie bei der Formulierung von Titel und Überschriften entweder den Nominalstil („Die Entwicklung der modernen Künste am Beispiel des Films“) oder eine Fragestellung („Verliert die traditionelle Familie in der Spaßgesellschaft an Bedeutung?“).
Bedienen Sie sich gegebenenfalls informativer Untertitel: „Zwischen Kreuz und Hakenkreuz – Die evangelische und die katholische Kirche im Antisemitismus der Moderne“.

5.5 Äußere Form und Layout

Sie haben Ihr Ziel vor Augen. Was bleibt zu tun? Die Offenlegung Ihrer Vorgehensweise und der letzte Anstrich, denn erinnern Sie sich: *Der erste Eindruck ist entscheidend und der letzte bleibt.* Das gilt vorbehaltlos auch für Ihre Seminarkursarbeit, denn deren innere und äußere Form hängen eng zusammen. Letztendlich müssen Sie als Verfasser Ihrer Arbeit dafür sorgen, dass der Leser eindeutig unterscheiden kann zwischen den von Ihnen selbst formulierten Gedankengängen und Erkenntnissen und den Überlegungen und Betrachtungen fremder Autoren, auf die Sie sich beziehen. Indem Sie die grundlegenden Regeln richtigen Zitierens anwenden, stellen Sie Ihre „intellektuelle Redlichkeit" unter Beweis.

Richtig Zitieren

Das Textzitat ist eine wortwörtlich übernommene Belegstelle und wird zur exakten Dokumentation und zur Veranschaulichung an wichtigen Stellen in die eigene Darstellung eingesetzt.

Aus dieser Definition ergibt sich:

- Das Zitat soll angemessen, das heißt sach- und funktionsgerecht sein und an der richtigen Stelle eingefügt werden. Um dies zu gewährleisten, sind oft Kürzungen notwendig, die Sie mit drei Punkten in eckigen Klammern markieren.

- Das Zitat muss genau und überprüfbar sein. Es wird durch Anführungszeichen gekennzeichnet. Bei sehr langen Zitaten können Sie auch ein anderes, sich vom restlichen Text abhebendes Schriftbild verwenden. Eventuelle Veränderungen des Originaltextes müssen immer mit eckigen Klammern markiert werden.

- Weisen Sie die Fundstelle durch genaue Seiten-, Zeilen- oder Versangabe des Originals nach.

- Das Zitat belegt, bekräftigt und veranschaulicht Ihre eigene Meinung und soll aus gedanklichen und stilistischen Gründen in Ihren eigenen Text integriert werden.

- Enthält das Zitat sprachliche oder sachliche Fehler, so dürfen Sie diese nicht einfach korrigieren. Zeigen Sie durch einen Zusatz – [!] oder [sic] – dem Leser den Fehler an. Wollen Sie einzelne Wörter eines Zitats durch Sperrung, Kursivschrift oder Unterstreichen hervorheben, müssen Sie dies extra – mit Ihrem Namen – anmerken.

- Wo Sie in engem Textbezug eine Stelle nur sinngemäß übernehmen oder in eigenen Worten umschreiben, genügt der Hinweis auf die Textstelle, um so dem Leser die Überprüfung am Original zu erleichtern. In diesem Fall sprechen wir vom *indirekten Zitieren.*

Das alles ist leichter gesagt als getan. Die folgende Übersicht soll Ihnen deshalb als Orientierungshilfe dienen. Alle Zitiervarianten gehen von demselben Originaltext aus.

Originaltext

(dpa) Nach mehreren Anläufen ist ein Kommandoturm des im Zweiten Weltkrieg vor Montevideo versenkten deutschen Kriegsschiffs „Admiral Graf Spee" aus dem Rio de La Plata geborgen worden. Ein Schwimmkran hievte die Feuerleitzentrale des Kriegsschiffs aus etwa 7,5 Meter Tiefe auf ein Begleitschiff. Im nächsten Anlauf sollen nun Geschütztürme gehoben werden. Das teilte der Chef der privaten Bergungsgruppe, der Unternehmer Alfredo Etchegaray, gestern mit. Die „Graf Spee" war in der Flussmündung im Dezember 1939 vom Kapitän versenkt worden.

Schwäbische Zeitung vom 27.2.2004, S. 1

Das wörtliche Zitat

Die Schwäbische Zeitung berichtet am 27. Februar 2004: „Nach mehreren Anläufen ist ein Kommandoturm des im Zweiten Weltkrieg vor Montevideo versenkten deutschen Kriegsschiffs „Admiral Graf Spee" aus dem Rio de La Plata geborgen worden. Ein Schwimmkran hievte die Feuerleitzentrale des Kriegsschiffs aus etwa 7,5 Meter Tiefe auf ein Begleitschiff. Im nächsten Anlauf sollen nun Geschütztürme gehoben werden. Das teilte der Chef der privaten Bergungsgruppe, der Unternehmer Alfredo Etchegaray, gestern mit. Die „Graf Spee" war in der Flussmündung im Dezember 1939 vom Kapitän versenkt worden." [1)]

Quellenangabe: [1)] Schwäbische Zeitung vom 27.2.2004, S. 1

Das indirekte Zitat

Wie die Schwäbische Zeitung berichtet, konnten jetzt Teile des deutschen Kriegsschiffs „Admiral Graf Spee" geborgen werden. [2)]

Quellenangabe: [2)] Vgl. Schwäbische Zeitung vom 27.2.2004, S. 1

Auslassungen

„Nach mehreren Anläufen ist ein Kommandoturm des [...] deutschen Kriegsschiffs „Admiral Graf Spee" aus dem Rio de La Plata geborgen worden." [3)]

Quellenangabe: [3)] Schwäbische Zeitung vom 27.2.2004, S. 1

Ergänzungen und Hervorhebungen im Originaltext

„Nach mehreren Anläufen ist ein Kommandoturm des im Zweiten Weltkrieg vor Montevideo [der Hauptstadt Uruguays, Anm. d. Verf. (Anmerkung des Verfassers)] versenkten deutschen Kriegsschiffs „Admiral Graf Spee" [Hervorhebung durch den Verfasser] aus dem Rio de La Plata geborgen worden." [4)]

Quellenangabe: [4)] Schwäbische Zeitung vom 27.2.2004, S. 1

Einbindung in die eigene Satzkonstruktion

Auf der Titelseite der Schwäbischen Zeitung wird berichtet, dass „nach mehreren Anläufen" ein Wrackteil der „Graf Spee" „mit einem Schwimmkran auf ein Begleitschiff gehievt wurde". [5)]

Quellenangabe: [5)] Schwäbische Zeitung vom 27.2.2004, S. 1

Tipp

Vermerken Sie, während Sie die Arbeit schreiben, unbedingt an zuverlässiger Stelle die genauen Quellen Ihrer Zitate. Sie ersparen sich so später lästiges und zeitraubendes Suchen.

Vermeiden Sie Zitate zur reinen Illustrierung schon bekannter Inhalte. Zitate sollen Sie und Ihre Leser weiterbringen. Kehren Sie aber Ihre Auseinandersetzung mit der Fachliteratur auf keinen Fall unter den Teppich!

Literaturverzeichnis und weitere Nachweise

Ihre Seminarkursarbeit ist fast fertig. Jetzt fehlt nur noch das Literaturverzeichnis, d.h. der Teil Ihrer Arbeit, der dem Leser zeigt, wie ernst Sie es mit dem wissenschaftlichen Vorgehen gemeint haben.

Regeln für ein korrektes Literaturverzeichnis:

- Üblicherweise sind Literaturangaben so geordnet:
  1. *Autor* mit Familiennamen und Vornamen bzw. Name des *Herausgebers* mit dem Zusatz „Hg." oder „Hrsg." in Klammern
  2. *Titel der Veröffentlichung*
  3. *Die Auflage*, falls es bereits mehrere gibt
  4. *Erscheinungsort*
  5. *Erscheinungsjahr*

- Bei Aufsätzen in Sammelbänden kommt nach der Titelangabe die folgende Einfügung: *In: [Name des Sammelband- Herausgebers], (Hg.), [Titel des Sammelbandes]*
- Bei Aufsätzen in Zeitschriften kommt an der gleichen Stelle eine andere Einfügung: *In: [Name, Nummer und Jahrgang der Zeitschrift], Seitenangabe des Aufsatzes* In beiden Fällen machen Sie danach mit den Punkten 4 und 5 weiter.
- Ordnen Sie zum Schluss Ihre Literaturangaben in alphabetischer Reihenfolge.

Zum Literaturverzeichnis

Ordnen Sie unter Beachtung dieser Regeln die nachfolgenden Literaturhinweise und schreiben Sie sie übersichtlich auf ein neues Blatt.

M Ungeordnete Literaturangaben

Beer, Helmut: 1991, Nürnberg, In die neue Zeit.

Literarische Moderne. Europäische Literatur im 19. und 20 Jahrhundert, Rolf Grimminger (Hg.), Reinbek 1995.

So begann unser Jahrhundert, 2. Auflage, Zürich und Köln, Frederik Hetmann, 1984

Der Staat in der Sozialen Marktwirtschaft der BRD, Meißner, Werner (Hg.), in: Soziale Marktwirtschaft, 12 (1989) S. 34-56.

Schrader, Bärbel: Die "goldenen" zwanziger Jahre. Kunst und Kultur der Weimarer Republik, Wien 1987.

Der Sozialstaat. Heft 215 der Informationen zur politischen Bildung, Bonn 1990, Bundeszentrale für politische Bildung (Hg.).

Die Technik: Troitzsch, Ulrich (Hg.) Stuttgart 1987, Von den Anfängen bis zur Gegenwart.

Detlev Peukert, Max Webers Diagnose der Moderne. Göttingen 1989

Tipp

Die Zeichensetzung bei den Literaturangaben ist nicht verbindlich geregelt. Entscheiden Sie sich für eine Variante und wenden Sie sie einheitlich an. Verbessern Sie deshalb gegebenenfalls auch die Satzzeichen in der vorhergehenden Übung.
Manche Autoren ordnen die Titel ihres Literaturverzeichnisses nicht alphabetisch, sondern nach inhaltlichen Aspekten oder nach Buchkapiteln an. Bleiben Sie im Rahmen der Seminararbeit bei der alphabetischen Reihenfolge.

Internetquellen müssen vom Leser ebenso genau lokalisiert werden können. Gebräuchlich sind folgende Angaben: Der Internetdienst/Die Adresse/Der Pfad/Das Datum des Downloads. *Ein fiktives (!) Beispiel:* http://www.seminarkursarbeit.de.html; 5. 2. 2004
Eine entscheidende Frage ist noch zu klären: Wie lassen sich Zitatangabe und Literaturverzeichnis sinnvoll ergänzen? In vielen Fächern und Fachgebieten werden die Literaturangaben direkt in den fortlaufenden Text integriert. Die Beleghinweise im Text können in Verbindung mit einem Literaturverzeichnis, in dem der Leser alle wichtigen biographischen Informationen findet, sehr knapp gehalten werden. Nennen Sie auf jeden Fall in Klammern den Nachnamen des Verfassers bzw. des Herausgebers, das Erscheinungsjahr sowie die Seitenzahl, auf die Sie sich an dieser Stelle beziehen.
Beispiel aus den vorhergehenden Literaturangaben: (Schrader 1987, S. 112)

Zum Kurzbeleg

Bei den Zitaten und Literaturangaben im folgenden Text haben sich leider einige Fehler eingeschlichen. Machen Sie es besser!

M Antifaschistische Ausschüsse in Baden

Im französisch besetzten Baden blieben die Antifaschistischen Ausschüsse keine „periphere(n) Randphänomene“ (Schwarz, Vom Reich zur Bundesrepublik). Ebenso wie zu Recht kritisiert worden ist, dass die Forschung an die Ausschüsse bisweilen mit einem überspannten Anspruch herangegangen sei und nur den Blick auf ihr Scheitern richtete (vgl. Antifaschismus, S. 21), sollte man auch keine übersteigerten Anforderungen an die Besatzungsmächte stellen. Deutschland hatte die Welt in einen Krieg von bisher unvorstellbarem Ausmaß gestürzt, hatte bedingungslos kapitulieren müssen, war besiegt, zerstört, besetzt. Die Deutschen hatten – ebenfalls anders als nach dem Ersten Weltkrieg – zwölf Jahre NS-Diktatur hinter sich, die auch an der Arbeiterbewegung nicht spurlos vorübergegangen waren. War daher das Misstrauen, das man bei vielen französischen Besatzungsoffizieren feststellen konnte, nicht doch erst einmal berechtigt?
Die Ausgangslage 1945 unterschied sich von der des Jahres 1918 viel zu sehr, als dass man die gleichen Maßstäbe anlegen könnte. Eine mit der Rätebewegung von 1918/19 vergleichbare Massenbewegung konnte es nach dem Zusammenbruch des Dritten Reiches nicht geben. Das lag nur zu einem Teil an den Besatzungsmächten und an der Zerstörung der Verkehrs- und Kommunikationswege. Weit wichtiger war, dass es während des Dritten Reiches – anders als zwischen 1914 und 1918 – nicht zu einer Verschärfung der Klassengegensätze gekommen war, sondern dass sich die Sozialmilieus stark aufgelöst hatten (Kleßmann, Elemente, S. 43). Die im „Macht- und sozialen Leistungsvakuum“ (vgl. Niethammer, Rekonstruktion) der unmittelbaren Nachkriegszeit entstandenen Antifas wiesen trotz ihrer zumeist lokalen Isolierung eine erstaunliche Einheitlichkeit in ihren Forderungen auf. In erster Linie waren sie auf ein „Anpacken“ orientiert, auf die Lösung von Tagesaufgaben, die Niederlage und Zerstörung erforderlich machten, und auf die Säuberung der Verwaltung von belasteten Beamten. Es ging ihnen vorrangig darum, das Chaos abzubauen. Aus der Schockwirkung des Dritten Reiches resultierte aber darüber hinaus in Hochburgen der Arbeiterbewegung, insbesondere auf Seiten ihrer vormaligen Führungskräfte, eine Zukunftsorientierung auf eine sozialistische Einheit (vgl. Hauth, S. 47 f). In dieser Hinsicht aufschlussreich ist die Geschichte der Vereinigten Arbeiterpartei in Singen, deren Schicksal auch die Gründe für das Scheitern solcher lokalen Einheitsbewegungen zu verdeutlichen vermag.

Edgar Wolfrum, Französische Besatzungspolitik und deutsche Sozialdemokratie 1945-1952, Düsseldorf 1991, S. 51

Die Fußnote

In den Fußnoten haben Sie eine weitere Möglichkeit, Nachweise zu platzieren. Formulieren sie eine Definition dieses Begriffes mithilfe eigener Recherchen oder Fragen an Ihren Seminarkurslehrer.

Tipp

Mit Nachweisen machen Sie nicht nur Zitate, sondern auch Bilder oder Grafiken überprüfbar. Auch hier gilt: Behalten Sie Ihre einmal gewählte Vorgehensweise bei. Bei sehr vielen Abbildungen empfiehlt sich ein eigenes durchnummeriertes Verzeichnis am Ende der Arbeit.

Zum Schriftbild der Arbeit

Ihr Werk ist vollendet. Sie haben sorgfältig gedacht, gewichtet, geschrieben und – wie ein Meisterkoch – das nötige Salz in die Suppe gegeben. Es fehlt noch die Präsentation, die optisch gelungene Darbietung Ihrer schriftlichen Seminarkursarbeit. Und da gilt: *Das Auge des Lesers isst mit.*

Tipp

Tipps für die äußere Form

- Wählen Sie im Schreibprogramm Ihres PCs eine bewährte, lesefreundliche Schriftart wie Times New Roman, Garamond oder Arial. Probieren Sie aus, was Ihrem ästhetischen Empfinden am meisten entspricht.
- Verwenden Sie nicht mehr als zwei unterschiedliche Schriftarten in Ihrer Arbeit, sonst wird das Textbild zu unruhig. Überschriften heben Sie besser mit größerer Schrift, Fettdruck oder auch mit einer zusätzlichen Leerzeile zum Fließtext hervor.
- Zitate und übernommene Textstellen können mit zusätzlichem Abstand nach oben und unten, linksbündig eingezogen, mit kleinerer Schriftgröße oder mit Kursivdruck herausgestellt werden. Entscheiden Sie sich für eine Methode und behalten Sie diese bei.
- Üblich bei schriftlichen Arbeiten sind Schriftgröße 12 und der anderthalbfache Zeilenabstand mit Blocksatz.
- Gliedern Sie Ihre Arbeit durch Absätze – entweder durch den Einzug zu Beginn einer Zeile oder durch eine zusätzliche Leerzeile im einfachen Zeilenabstand. Vermeiden Sie aber eine zu kleinschrittige Abschnittsbildung.
- Nummerieren Sie die Seiten entweder zentriert oder rechtsbündig, oben oder unten, aber durchgehend einheitlich. Titelblatt und Inhaltsverzeichnis zählen üblicherweise nicht mit, ebenso wenig die Anlagen, die Sie am Schluss eventuell beigefügt haben.
- Umgehen Sie nach Möglichkeit Abkürzungen. Sind sie dennoch unerlässlich, führen Sie sie bewusst ein.
- Drucken Sie ein Exemplar Ihrer Arbeit mehr aus als eigentlich notwendig. So können Sie zur Not schnell darauf zurückgreifen. Sparen Sie beim Drucken auch nicht an der Qualität des Papiers. Reinweißes Papier bietet einen deutlich besseren Kontrast zur Schrift als das oft recht dunkle Umweltschutzpapier und ist daher leserfreundlicher.
- Lesen Sie gründlich Korrektur und bitten Sie am besten eine weitere Person, Ihre Arbeit auf Fehler und Unklarheiten zu prüfen. Erfahrungsgemäß wird man selbst nach längerer Beschäftigung mit einem Thema oder einem Text „betriebsblind“.
- Lassen Sie Ihre Arbeit zum Schluss im Copy-Shop spiral- oder klebebinden.
- Sichern! Sichern! Sichern! Regelmäßig, systematisch und immer auch zusätzlich auf einer Diskette oder CD-ROM.

Die Gestaltung des Titelblattes

Hier sind eindeutige Angaben gar nicht so einfach. Häufig sind spezielle Erfordernisse zu berücksichtigen. Sprechen Sie also über die Informationen, die auf dem Titelblatt Ihrer Arbeit stehen müssen, auf jeden Fall mit Ihrer Seminarkurs-Lehrkraft. Schauen Sie sich auch Arbeiten früherer Jahrgänge an und tauschen Sie sich mit den anderen Seminarkurs-Teilnehmern aus.

Auf jeden Fall sollte das Titelblatt Ihrer Arbeit folgende Angaben enthalten:

- die Herkunft der Arbeit, das heißt den Namen Ihrer Schule
- den Titel Ihrer Arbeit und darunter gegebenenfalls den Untertitel
- den Anlass/die Funktion Ihrer Arbeit, wahrscheinlich Seminarkurs
- Ihre Daten, das heißt Namen und Adresse des Autors
- das Datum der Abgabe

Tipp

Empfehlenswert ist auch eine wohl überlegte optische Aufbereitung des Titelblatts, sozusagen als „visueller Ohröffner". Dass hier der Blick über den eigenen Tellerrand sehr nützlich sein kann, zeigt Ihnen die nächste Übung.

Zur Gestaltung des Titelblattes

Überprüfen Sie die Vollständigkeit der Angaben auf den folgenden Titelblättern und nehmen Sie kurz Stellung zum jeweiligen optischen Eindruck. Weckt er auf Anhieb Ihr Interesse? Macht er Appetit? Lenkt er zu sehr ab?

M Die traditionelle Familie. Verliert die Familie an Bedeutung?

Otto-Hahn-Gymnasium Tuttlingen

Seminarkurs
Die Spaßgesellschaft

Familie in der Spaßgesellschaft

Die traditionelle Familie
Verliert die Familie an Bedeutung?

Vorgelegt von:

XY
Musterweg 1
78532 Tuttlingen

Im Mai 2003

M Die US-amerikanische Gesellschaft in „Die Simpsons“

Otto-Hahn-Gymnasium Tuttlingen

Seminarkurs

Die Spaßgesellschaft

Gruppenthema:

***Die Simpsons* in der Spaßgesellschaft**

Thema:

Die US-amerikanische Gesellschaft in *Die Simpsons*

Vorgelegt von:

XY
Musterweg 1
78532 Tuttlingen

Am 27.05.2003

M Die Spaßgesellschaft – kritisiert und bekämpft?

Otto-Hahn-Gymnasium Tuttlingen

Seminarkurs

Die Spaßgesellschaft

Gruppenthema:

Der Hedonismus

Thema:

Die Spaßgesellschaft – kritisiert und bekämpft?

Vorgelegt von:

XY
Musterweg 1
78532 Tuttlingen

5.6 Alles klar?

Ihre Seminarkursarbeit ist fertig. Sie selbst und Personen Ihres Vertrauens haben sie gegengelesen, unnötige Fehler gefunden und verbessert. Vielleicht haben Sie den einen oder anderen guten Tipp bekommen und umgesetzt. Was bleibt?

Die ehrliche abschließende Beantwortung folgender Fragen:

- Informiert meine Einleitung die Leser über Aufbau und Schwerpunkt meiner Arbeit? Macht sie meine Motivation gerade für dieses Thema deutlich? Habe ich eventuelle Weglassungen begründet und mein Thema sinnvoll eingegrenzt?
- Lassen sich meine zentrale Fragstellung und meine daraus resultierenden Erkenntnisse mit dem Thema meiner Gruppe und dem des ganzen Seminarkurses in Einklang bringen?
- Habe ich gewissenhaft getrennt zwischen eigenen und übernommenen Gedanken?

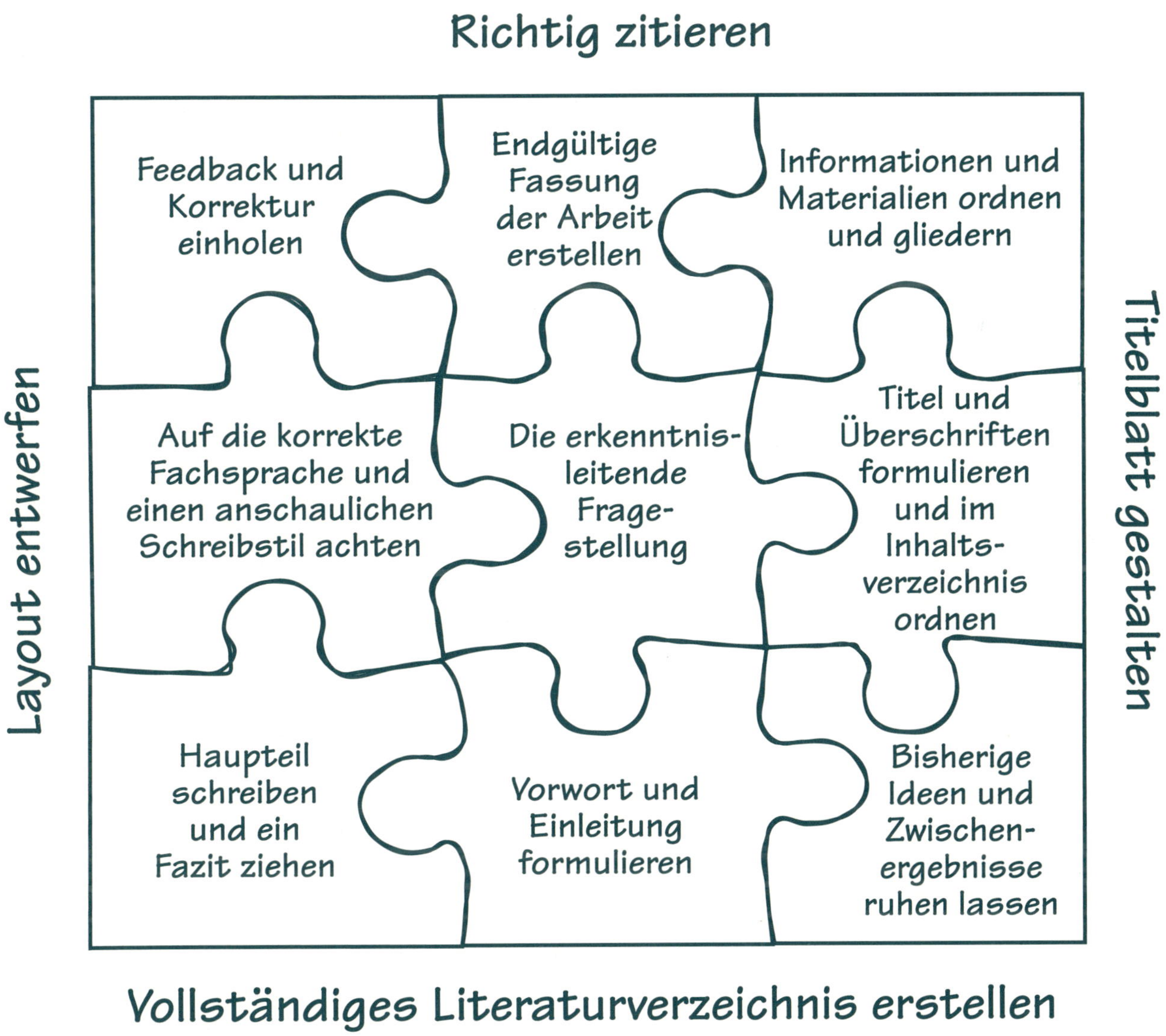

6 Das Kolloquium

6.1 Definition und Bedeutung für den Seminarkurs

Die Berge, die es zu versetzen gilt, sind in unserem Bewusstsein.
(Reinhold Messner)

Der Begriff „Kolloquium" wird in mehrfacher Bedeutung verwendet und bedarf daher einer Eingrenzung für den Seminarkurs.

Der Duden gibt folgende Begriffsbedeutung an:
„Kolloquium (lat.): 1. a) wissenschaftliches Gespräch [zwischen Fachleuten];
b) kleinere Einzelprüfung an einer Hochschule (bes. über eine einzelne Vorlesung).
2. Zusammenkunft, Beratung von Wissenschaftlern oder Politikern über spezielle Probleme."

Duden. Fremdwörterbuch, hrsg. von der Dudenredaktion, 7., neu bearbeitete und erweiterte Auflage, Mannheim 2001, S. 215

Im Seminarkurs steht das Kolloquium als abiturrelevante Einzelprüfung für ein Expertengespräch mit Prüfungscharakter.

6.2 Motivation

Das Kolloquium erlaubt bei relativ geringem Arbeitseinsatz und Zeitaufwand einen großen Effekt, da es an der Gewichtung der Note einen großen Anteil hat. Es lohnt sich also, noch einmal eine Übung aus dem Kapitel „Selbstmotivation" durchzuführen und sich dann konzentriert vorzubereiten. Machen Sie sich klar, dass Sie Lernprozesse auch außerhalb Ihres speziellen Seminarkursthemas durchgemacht haben, die vermutlich Ihre Persönlichkeit und Ihr generelles Auftreten beeinflusst haben. Da der Einübungszeitraum im Unterricht hierfür nicht groß bemessen ist, lohnt sich eine Wiederholung der wichtigsten Punkte. Schauen Sie sich nochmals die Kapitel über Körpersprache, Redegestaltung und Redetechnik an (S. 38 ff.). Auch eine Kurzrede vor dem Spiegel über ein Nonsens-Thema ist motivierend.

6.3 Ziele

Als Abschluss des Seminarkurses erlaubt dieses Lehrgespräch einen umfangreichen Nachweis über Ihre erworbenen Kenntnisse und Erkenntnisse. Durch Fragestellungen bzw. Anregungen auf bewusst sehr unterschiedlichen Ebenen werden die verschiedenen Kompetenzfelder abgeprüft: Fach-, Personal-, Sozial- und Methodenkompetenz. Zudem wird hierbei die Eigenständigkeit bei der Erstellung der schriftlichen Seminarkursarbeit nachvollzogen und abgesichert.

Folgendes *Fishbone-Diagramm*, das oft Einsatz in der Darstellung von Ursache und Wirkung findet, fasst die Gebiete der Prüfung zusammen unter der Zielvorgabe „Universitätskompetenz" (hier dargestellt als „Rückgrat"). Die Vorteile dieser Art der Darstellung liegen in der strukturierten Vorgehensweise, der Einsicht in Zusammenhänge und Hierarchien. Allerdings wird es bei sehr vielen Nennungen leicht unübersichtlich.

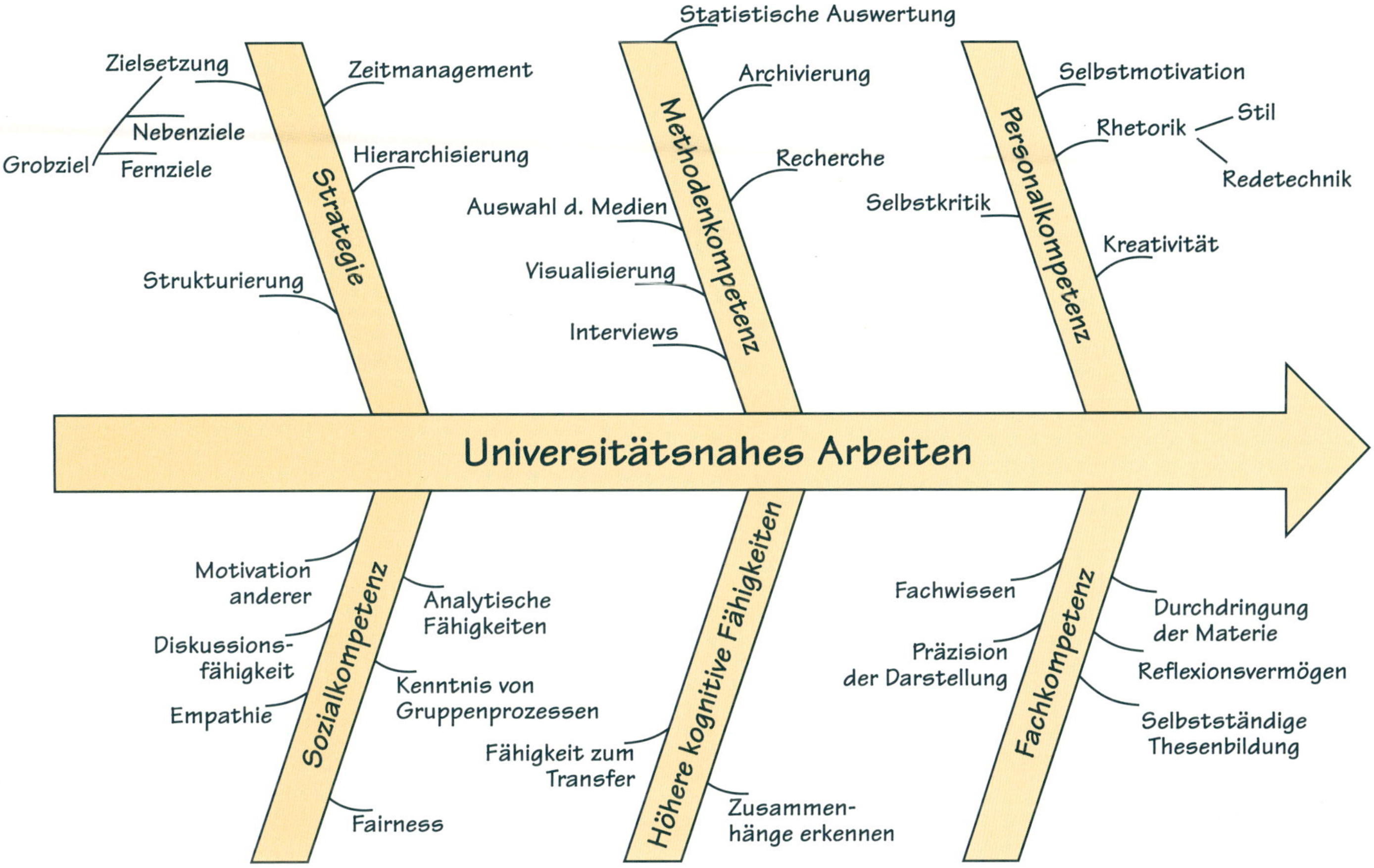

Fishbone-Diagramm.

6.4 Äußere Form

Gegen Ende des Schuljahres, in jedem Falle nach den Endpräsentationen werden die Kolloquiumstermine anberaumt. Zum Prüfungstermin erscheinen das gesamte Lehrerteam und Ihre Arbeitsgruppe. Jeder Prüfling wird 20 Minuten geprüft, wobei die Leitung jeweils beim Erstkorrektor der schriftlichen Seminarkursarbeit liegt. Auch die anderen Lehrer sind berechtigt, in die Prüfung einzugreifen. Das Protokoll wird von einer Lehrkraft geführt, die nicht an der Korrektur beteiligt war. Man stellt Ihnen dabei Fragen, die von Ihnen als Anstoß zu einer größeren Erörterung, Diskussion oder Begründung genutzt werden sollten. Bedenken Sie, dass im Seminarkurs die Ebene des reinen Reproduzierens von Gelerntem längst verlassen wurde. Als Einstieg legt Ihnen die Prüferin oder der Prüfer u.U. eine Zeitungsnotiz, eine Karikatur, eine Pflanze, ein Gemälde oder ein Gedicht mit einer kurzen Frage vor. Überlegen Sie zunächst, wie Sie Ihre Antwort strukturieren können, bevor Sie zu reden beginnen. Benutzen Sie keine Umgangssprache, bleiben Sie seriös. Fällt Ihnen zu einer Frage gar nichts ein, so sagen Sie dies gleich. Die Benotung erfolgt durch das gesamte Lehrerteam. Die Schüler erfahren diese Noten zusammen mit denen der schriftlichen Arbeit und der Präsentation in einem späteren Einzelgespräch.

6.5 Kategorien der Prüfungsbereiche

Da unterschiedliche Qualitäten geprüft werden, sind im Folgenden die möglichen Kategorien der Gesprächsfelder dargestellt.

A) Einstiegsfragen	- sollen Sie einstimmen, Ihnen Sicherheit geben, die Prüfungsatmosphäre lockern
B) Fragen zur Befindlichkeit	- während der Themen- und Gruppensuche - nach der Beurteilung der Zwischenpräsentation und des Zwischenberichtes - nach der Präsentation und nach Abgabe der Dokumentation - innerhalb der Gruppe
C) Fragen zu fachspezifischer Kompetenz, Eigenleistung, Grad der Durchdringung des Themas	- Spezialausdrücke, Fremdworte, Definitionen, Inhalte, Thesen, Quellen innerhalb der schriftlichen Arbeit - Bedeutung der Inhalte der Arbeit - Erkennen und Aufarbeiten von themenbezogenen Problemen - Kritik an eigener Arbeitsweise im Bereich der Konzepterstellung - Wege zur erkenntnisleitenden Fragestellung
D) Fragen zu Methodenkompetenz, Planungsfähigkeit, Kreativität und Fähigkeit zur Selbstkritik	- Strategie, Recherchen, Zeitmanagement - Begründung der Präsentationstechniken und Kritik derselben - Alternativen - Begründung und Kritik an Visualisierung - Alternativen - Diskussion der Qualität des eigenen Zeitmanagements
E) Fragen zu Integrationsfähigkeit, Sozialkompetenz, übergeordnetem Denken, Transfervermögen und allgemeiner Kritikfähigkeit	- Bezug des Einzelthemas zum Gruppenthema - Mögliche Abgrenzung, Verknüpfungen, Widersprüche - Problemlösungen innerhalb der Gruppenarbeit - Bezug zu Themen anderer Gruppen - Diskussion und Bezug zum Oberthema des Seminarkurses - Beurteilung der Relevanz der Themen - Begründung einer Beurteilung der Präsentation anderer Gruppen - Beurteilung des Projekts „Seminarkurs“ mit Verbesserungsvorschlägen

6.6 Methoden der Vorbereitung

Haben Sie dieses Kapitel bisher konzentriert bearbeitet, so werden Sie die folgenden Methoden als logisch folgend akzeptieren können. Maximaler Erfolg wird erreicht, wenn Sie sich auf mehreren Ebenen dem Kolloquium nähern.

Rückbesinnung auf vorhergegangene Präsentationen

Aktives Zuhören sichert Aufgenommenes nachhaltig und schult die Abrufbarkeit von Inhalten. Schon während Sie die Präsentationen der anderen Seminarkursteilnehmer verfolgen, sollten Sie daher – sofern möglich – Verbindungen zu Ihrer eigenen Präsentation bzw. schriftlichen Arbeit suchen. Damit wird Ihr Thema optimal auf Berührungspunkte zu anderen geprüft. Vermerken Sie diese auf einer Stichwortliste. Auch dürfen Sie sich eine eigene Meinung über Präsentationen Ihrer Kollegen bilden und auf der Liste eintragen, was Ihnen besonders zugesagt hat und warum. Damit schulen Sie Ihre Aufmerksamkeit.

M Beispiel einer Stichwortliste

Oberthema des Seminarkurses: Die Moderne

Gruppenthema	Einzelthema	Bezug zu meinem Thema?	Formale Aspekte	Inhalt
Kleidung im Wandel	Coco Chanel	———	Anschauungsobjekte:++ Folien unleserlich	Berufliche Emanzipation
	Kunstfasern	+ : wirtschaftl. Aufschwung	Versuch perfekt, zu häufiger Methodenwechsel	Chemische Forschung beeinflusst Mode
	Kleidung als Statussymbol?	+ : gesellschaftl. Schichten	Ohröffner und take-homemessage gut	Befreiung von Modediktaten

Tipp

Wenige Tage vor dem Kolloquium sollten Sie sich die genauen Titel aller Gruppen- und aller Einzelthemen durchlesen. Wenn es Ihnen gelingt, sich die jeweiligen erkenntnisleitenden Fragestellungen und die Grunderkenntnisse der Präsentationen zu vergegenwärtigen, können Sie diesen Aspekt der Vorbereitung abhaken.

Spielen Sie Kandidat und Prüfer!

Eines der letzten Ihrer Gruppentreffen sollte dazu dienen, die Prüfungssituation durchzuspielen. Versetzen Sie sich in die Rolle eines Prüfers. Formulieren Sie selbst Prüfungsfragen und fordern Sie einen „Prüfungskandidaten" auf, einen bestimmten Problembereich zu erläutern. Tauschen Sie die Rollen nach einer definierten Zeit. Sie können sich hierbei an den Fragebeispielen auf S. 101 f. orientieren.

Tipp

Erlaubt es Ihre Vertrautheit innerhalb der Gruppe, sprechen Sie hinterher über Verbesserungsmöglichkeiten im Auftreten, Redetechnik, Argumentationstechnik und fachlicher Darstellung. Auch ein gegenseitiges Lob ist sicher angebracht.

Jedes Gruppenmitglied schildert, wie das Einzelthema eines anderen Mitglieds mit den übrigen Einzelthemen in Verbindung steht.

Sichern des Expertentums

Keine der im Kolloquiumsraum anwesenden Personen hat sich dermaßen komplex mit Ihrem Thema auseinandergesetzt wie Sie: Sie sind Experte oder Expertin! Um dieses Expertentum souverän zu präsentieren, ist eine kurze, jedoch konzentrierte und intensive Beschäftigung mit Ihrer Dokumentation notwendig. Die Prüfer werden sicher inhaltsbezogene Fragen stellen, um zu prüfen, ob Sie die Arbeit selbst erstellt haben, eigene Formulierungen verwenden und die Erkenntnisse in Eigenleistung entstanden sind.

- Überprüfen Sie Ihre Definitionen und Ihre Kenntnis der verwendeten Fachbegriffe und Fremdworte.
- Studieren Sie noch einmal Ihre Gliederung in ihrem logischen Aufbau.
- Stellen Sie die Fragen, die in jedem Kapitel beantwortet werden.
- Gelingt es Ihnen, in fünf Minuten wohlformuliert die Problemstellung Ihrer Arbeit und die Problemlösung wiederzugeben? Üben Sie es.
- Gibt es zu Ihrer These denkbare Gegenthesen? Dann versuchen Sie, diese zu bestätigen oder zu widerlegen.
- Überdenken Sie Ihre Präsentation: Würden Sie diese wieder so durchführen oder was ist verbesserbar? Können Sie den gewählten Medieneinsatz begründen?

Tipp

- Nehmen Sie sich und diesen Termin wichtig.
- Vermeiden Sie durch solides Zeitmanagement Stress unmittelbar vor Ihrem Kolloquium.
- Treten Sie als Gruppe auf, indem Sie gemeinsam erscheinen.
- Sie gehen in eine Abiturprüfung: Überlegen Sie, ob Sie diesem Ereignis nicht auch durch Kleidung und hinreichend gepflegtes Aussehen Tribut zollen möchten. Vielleicht fühlen Sie sich dadurch auch selbst positiv motiviert.
- Vergegenwärtigen Sie sich die Ausführungen über Mimik, Gestik, Redetechnik.
- Suchen und halten Sie Blickkontakt zu den Gesprächspartnern.
- Überlegen Sie, bevor Sie antworten, und strukturieren Sie Ihre Ausführungen.
- Zeigen Sie durch gerechtfertigte Selbstsicherheit, dass Sie die Expertin/der Experte sind.

6.7 Übungsfragen

Zur Einteilung der Prüfungsbereiche siehe S. 98.

Bereich A:

- Beschreiben Sie das Reizvolle an Ihrem Thema.
- Schildern Sie die Vorgehensweise bei der Themensuche.
- Würden Sie Ihr Thema weiterempfehlen?
- Berichten Sie über Ihr methodisches Vorgehen.
- (Vorlage eines aktuellen Zeitungsartikels „Kirche im Freien“:) Stellen Sie einen Bezug zu Ihrem Thema „Kirche in der Spaßgesellschaft“ her.
- (Vorlage eines Cartoons „Born to be wild“:) Diskutieren Sie diese Aussage auf dem Hintergrund Ihres Themas „Funsportarten“.
- (Zum Thema „Historische Beispiele des Hedonismus“:) Sie joggen – sind Sie trotzdem Hedonistin?
- Erklären Sie, wieso Sie bei Ihrem Thema „AIDS“ auf ein Experiment verzichtet haben.
- Geben Sie Tipps für Recherche (Internet/Personen/Literatur) und bewerten Sie diese unterschiedlichen Medien.
- Sie erwähnen eine „Internetumfrage“ in Ihrer Arbeit. Wie haben Sie diese durchgeführt?
- Begründen Sie, ob das Seminarkursthema „Die Alpen als Makroregion“ im nächsten Jahr wieder angeboten werden sollte.

Bereich B:

- Beschreiben Sie den Verlauf Ihrer Befindlichkeit im Verlauf des Seminarkurs-Jahres.
- Worin lag Ihr größtes Problem?
- Hat Ihnen die Gruppenarbeit geholfen? Beschreiben Sie, inwiefern.
- Wann war Ihr persönlicher Tiefpunkt während des Jahres? Haben Sie eine Erklärung dafür? Durch was überwanden Sie ihn?
- Fühlten Sie sich in Ihrer Gruppe wohl und positiv stimuliert?
- Konnten Sie die Situation des Präsentierens teilweise schon genießen?
- Welche Gefühle überwiegen, wenn Sie an den vergangenen Seminarkurs denken: Erleichterung, Stolz über Geleistetes, Freude über Zugewinn an Selbstwert?

Bereich C:

- Beschreiben Sie die Klimabelastung im Tunnelsystem des NEAT-Projektes.
- Geben Sie eine persönliche Stellungnahme zum NEAT-Projekt ab: Beachten Sie dabei positive und negative Aspekte.
- Was verstehen Sie unter dem von Ihnen verwendeten Begriff „Erlebnisgesellschaft“?
- Definieren Sie „Risiko“ , z.B. für einen Kernkraftwerksunfall.
- Ihr Literaturverzeichnis ist sehr kurz. Begründen Sie dies.
- Formulieren Sie die erkenntnisleitende Fragestellung Ihrer Arbeit.
- Schildern Sie die Folgen von Amphetamingebrauch.
- Geben Sie den Inhalt des Betäubungsmittelgesetzes wieder.
- Erläutern Sie den von Ihnen verwendeten Begriff „Staatsquote“.
- Schildern Sie die Funktionsweise und Tücken eines Virus.
- Was verstehen Sie unter dem von Ihnen erwähnten „Erfolg einer Fernsehserie“ und wodurch ist er messbar?
- Begründen Sie, warum Sie den Begriff „Konditionierung“ in Ihrer Arbeit nicht entsprechend seiner biologischen Grundlage verwendet haben.
- Orden Sie einen der soeben gehörten musikalischen Auszüge dem Barock zu.
- Inwiefern erfüllt diese Musik die Kriterien für die Epoche?
- Sie schreiben von einer „Ästhetisierung der Kirche“; erklären Sie dieses Stichwort.
- Beschreiben Sie an einem Beispiel die Trendentstehung in der Mode.
- Geben Sie kurz die Inhalte Ihres Kapitels „Generationenkonflikt“ wieder.
- Nennen Sie vier Thesen Ihrer Arbeit.
- Was ist unter der von Ihnen erwähnten „Bindestrichgesellschaft“ zu verstehen?

Bereich D:

- Wie gelang Ihnen die thematische Eingrenzung?
- Beschreiben Sie Ihre Literatursuche.
- Geben Sie Ihre zeitliche Belastung durch den Seminarkurs wieder.
- Schildern Sie, wie der rote Faden bei einer Gruppensitzung erkennbar gemacht wurde.
- Traten bei der Informationsbeschaffung Schwierigkeiten auf? Worin lagen diese?
- Erläutern Sie Ihr methodisches Vorgehen, nachdem Ihr Thema festgelegt war.
- Können Sie die Vorgehensweise bei der Bildauswahl für die Präsentation begründen?
- Gab es Hindernisse beim Arbeitsprozess?
- War Ihr Zeitmanagement verbesserungswürdig?
- Gab es Alternativen bei der Visualisierung in Ihrer Präsentation?
- Beschreiben Sie, wie Sie sich selbst und Ihre Gruppenmitglieder zur Arbeit motiviert haben.
- Sie erwähnen in Ihrer Dokumentation ein naturwissenschaftlich anerkanntes „Belohnungssystem“ bei der Suchtentstehung. Konstruieren Sie einen eigenen Versuch dazu.
- Hatten Sie Probleme, Ideen bei der Erstellung der Präsentation zu entwickeln?
- Nennen Sie die Kriterien für Ihre Medienauswahl bei der Präsentation.
- Wie war Ihr Umgang mit der anfänglichen Datenfülle bei den Recherchen?

Bereich E:

- Sie bearbeiteten das liberale Züricher Suchtpräventionsmodell. Würden Sie Ihren eigenen Kindern rigoros Haschischkonsum verbieten?
- Kritisieren Sie positiv und negativ die Inhalte/die Form des Seminarkurses.
- Sehen Sie Möglichkeiten, die Attraktivität des Ehrenamtes zu erhöhen?
- Formulieren Sie Wechselbeziehungen der Einzelthemen innerhalb Ihrer Gruppe.
- Ordnen Sie Ihr Thema in das Oberthema des Seminarkurses ein.
- Ist Ihrer Meinung nach Präsentationsunterricht sinnvoll?
- Schildern Sie die Effektivität Ihrer Gruppenarbeit.
- Stellen Sie eine Verbindung zwischen den Gruppenthemen X und Y her, indem Sie diskutieren, ob Funsportarten als Religionsersatz dienen können.
- Wie haben Sie Ihre Gruppenarbeit organisiert?
- Grenzen Sie die Begriffe Sucht und Sehnsucht gegeneinander ab.
- Denken Sie, dass Ihre Teamfähigkeit durch den Seminarkurs gesteigert wurde?
- Wonach haben Sie Ihre Gruppenpartner ausgewählt?
- Wie sahen Ihre Lösungsstrategien bei Problemen innerhalb der Gruppe aus?
- Differenzieren Sie die Begriffe Spaß – Freude – Lust – Vergnügen.
- Reflektieren Sie die Quellenlage zu Ihrem Thema.
- Ist Ihrer Meinung nach ein Werteverfall durch Mode erkennbar?
- Würden Sie den Seminarkurs wieder belegen? Begründen Sie.
- Sind die Ziele des Seminarkurses Ihrer Altersstufe angemessen oder fühlten Sie sich überfordert?

Sie sind jetzt ausführlich auf das Kolloquium vorbereitet und können mit begründetem Selbstvertrauen in die Prüfung gehen!

6.8 Alles klar?

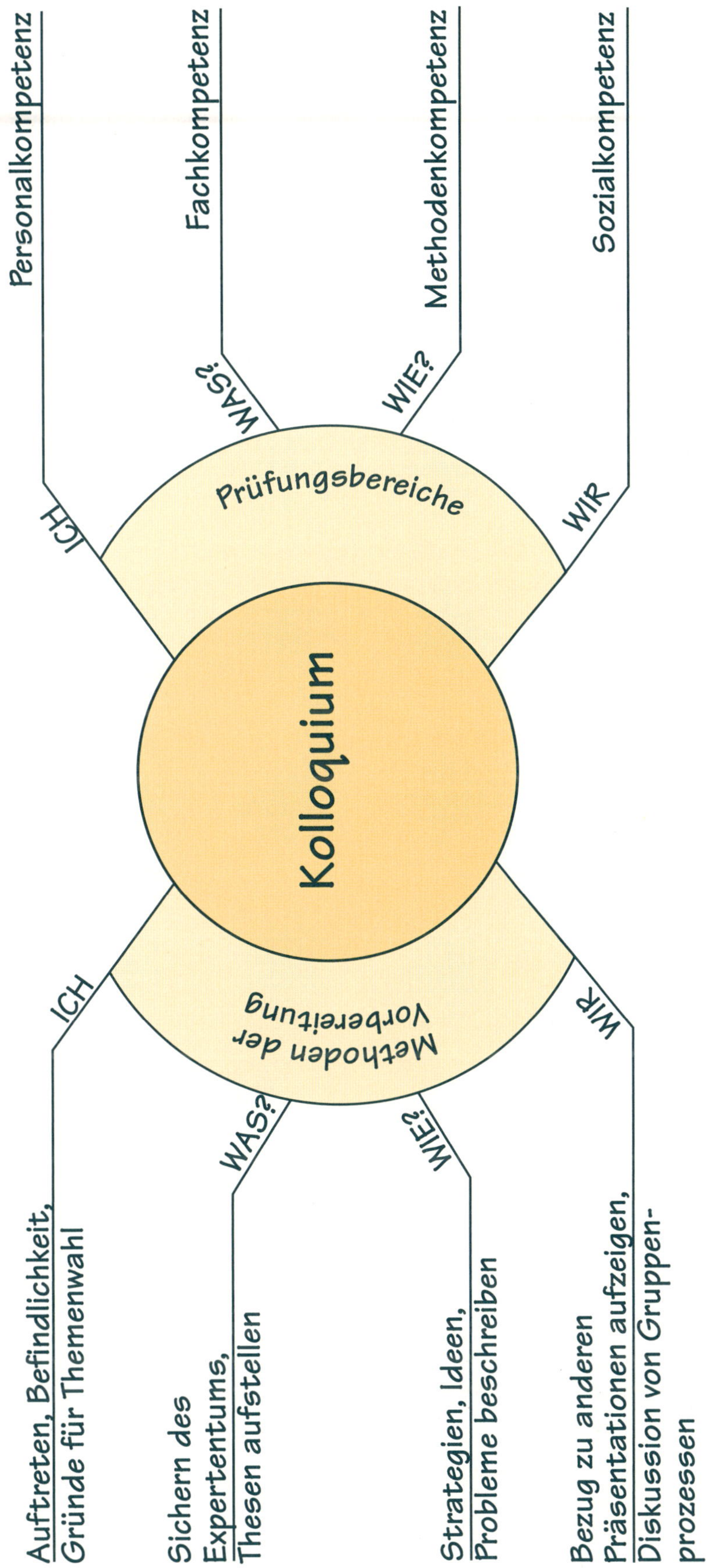

Glossar

Archiv: Einrichtung zur Erfassung und dauerhaften Erhaltung von Aufzeichnungen, Akten und Urkunden, also Originalschriftstücken. Ein Archiv besitzt in der Regel keine Ausleihfunktion.

Artikulation: Art und Weise, wie die stimmliche Ausdruckskraft eingesetzt wird. Wesentliche Elemente sind Lautstärke, Klarheit und Tempo.

Beamer: Präsentationsmedium, das in Verbindung mit einem Computer einen Vortrag unterstützt. Erfordert bestimmte Hard- und Softwarevoraussetzungen.

Bibliothek: Institution oder Ort einer geordneten und benutzbaren Sammlung von Büchern und anderen publizierten Informationen oder eine solche Sammlung selbst. Im Freihandbereich einer Bibliothek können vorhandene Bücher sofort ausgeliehen und mitgenommen werden, die Bücher des Magazinbereichs dagegen werden aus besonderen Lagerstätten geholt und können somit erst später mitgenommen werden. Die Bücher des Präsenzbestandes einer Bibliothek können vom Benutzer nicht entliehen, sondern nur im Lesesaal genutzt werden. Die Bücher einer Fachbibliothek sind auf ein Spezialgebiet konzentriert.

Bool'sche Operatoren: Schränken bei einer Suchanfrage die Anzahl der Suchergebnisse (Trefferquote) ein. Dabei werden Operatoren wie „AND", „OR", „NOT", „*" (Sternchen) oder „NEAR" verwendet.

Cluster (engl.: Gruppe, Bündel): Bündelung von Ergebnissen oder Begriffen in thematischen Gruppen. Manche Internet-Suchmaschinen fassen die Ergebnisse einer Suchanfrage in Gruppen zusammen und sortieren diese nach Hierarchien (Clustering).

Datenbank: Elektronisches Archiv für große Mengen inhaltlich zusammengehöriger Daten.

Download: Abruf von Informationen aus dem Internet oder einem sonstigen Computernetz.

Duale Präsentation: Mediengestützter Vortrag, der sich an den kognitiven und emotionalen Bedürfnissen des Publikums orientiert und dadurch die Zuhörer in besonderer Weise anspricht.

Erkenntnisleitende Fragestellung: Leitfrage, die im Mittelpunkt einer Arbeit steht. Sie wird mithilfe von Sachinformationen und daraus gewonnenen Erkenntnissen vom Autor abschließend beantwortet. Die Inhalte aller Kapitel und Unterkapitel sollten sich auf sie beziehen.

Fachkompetenz: Fähigkeit, ein Thema sachrichtig und -logisch darzustellen und eigene Schlussfolgerungen und Meinungen zu begründen.

Feedback: Instrument, um die eigenen rhetorischen Fähigkeiten zu optimieren. Konkret versteht man darunter die Rückmeldung, die einem zeigt, wie man auf Gesprächspartner wirkt, was man bei anderen auslöst. Feedback erfordert die Einhaltung bestimmter Regeln.

Fernleihe: Dienstleistung von Bibliotheken, am Ort nicht vorhandene Literatur aus anderen Bibliotheken im Rahmen des Leihverkehrs – und gegen eine geringe Gebühr – zu besorgen.

Fishbonediagramm: Ursache-Wirkungsdiagramm. Die „Wirbelsäule" bildet das angestrebte Ziel, die „Gräten" sind die Ursachen, die zur Problemlösung und damit zum Ziel führen. Hierdurch wird eine übersichtliche Strukturierung der Problemstellung aufgezeigt.

Flipchart: Präsentationsmedium. Transportable Tafel, die auf drei Beinen steht und mit einem Papierblock versehen ist, der an der oberen Kante des Gestells befestigt wird. Kann mit Stiften beschrieben werden.

Freeware: Kostenlose freiverfügbare Programme, die urheberrechtlich geschützt sind.

Gliederung: Eine Struktur, innerhalb derer Teilbereiche einer Arbeit gruppiert und in eine logische Reihenfolge gebracht werden. Dabei erfüllt jeder Teilbereich eine bestimmte Funktion, die nur vom Ganzen her verständlich ist.

Inhaltsverzeichnis: Ein Register, dessen Struktur die Arbeit erschließt und damit die Gliederung verdeutlicht. Die Überschriften der Kapitel und Unterkapitel werden abgestuft nummeriert.

Katalog: Ein nach einer bestimmten Systematik (alphabetisch oder nach Schlagworten) aufgebautes Verzeichnis, mit dessen Hilfe Bibliotheken und Online-Datenbanken ihre Titel verwalten.

Körpersprache: Nonverbale Kommunikation mithilfe von Mimik und Gestik.

Kolloquium: Wissenschaftliches Gespräch, kleinere Einzelprüfung an einer Hochschule oder Beratung von Wissenschaftlern oder Politikern über spezielle Probleme. Im Seminarkurs steht das Kolloquium als abiturrelevante Einzelprüfung für ein Expertengespräch mit Prüfungscharakter über die Inhalte und Darstellung der schriftlichen Dokumentation und Präsentation, die Gruppenarbeit und das methodische Vorgehen.

Kurzbeleg: Literaturverweis im laufenden Text einer Arbeit. Er bezieht sich auf das ausführliche Literaturverzeichnis am Schluss und gibt nur den Autor, das Erscheinungsjahr und die entsprechende Seitenzahl an.

Layout: Die äußere Form der Arbeit. Ihre wichtigsten Elemente sind Schrifttyp, Schriftgröße, Zeilenabstand sowie Flatter- oder Blocksatz.

Link (Kurzform von „Hyperlink"): Verknüpfung mit anderen Internet-Dokumenten.

Literaturprotokoll: Verzeichnis der verwendeten Literatur, das im Gegensatz zu einem nach bestimmten Kriterien zu erstellenden Literaturverzeichnis nach eigenen, frei zu wählenden Parametern gebildet wird.

Mind-Map: Präsentationsmittel. „Gedächtnislandkarten" bieten die Möglichkeit, Informationen strukturell zu verarbeiten und entsprechend darzustellen. Auch als Methode zur Analyse von Problemen oder zur Visualisierung von Zusammenhängen geeignet.

Methodenkompetenz: Fähigkeit, Informationen zu beschaffen, zu strukturieren, zu bearbeiten, aufzubewahren und wieder zu verwenden, darzustellen, Ergebnisse von Verarbeitungsprozessen richtig zu interpretieren und in geeigneter Form zu präsentieren sowie Problemlösungstechniken anzuwenden und Problemlösungsprozesse zu gestalten.

Moderationskarte: Präsentationsmittel. In unterschiedlichen Größen, Farben und Formen erhältliche Karten, die beschriftet werden können. Durch farbliche und formale Anordnung lassen sich auch Sinnzusammenhänge verdeutlichen.

Moderationswand: Präsentationsmedium. Meist sind die Wände aus Hartschaum und mit einem Bogen Papier bespannt, sodass sie mit Stiften beschrieben werden können. Auch geeignet, um Karten, Bilder etc. mit Nadeln zu befestigen. Die Papierbespannung bietet die Möglichkeit, zwischen den Karten zu zeichnen oder zu schreiben.

Modulation: Variation und Veränderung von Tonstärke und Klangfarbe der Stimme.

Motivation: Beweggründe oder Bereitschaft für ein spezielles Verhalten eines Menschen. Die Motivation ist abhängig von der inneren Situation in Verbindung mit entsprechenden inneren oder äußeren Reizen. Ein innerer Reiz kann geistige Aufgeschlossenheit sein, ein äußerer z. B. das Streben nach Belohnung. Diese Reize können motivierend oder demotivierend sein.

Ohröffner: Beginn einer Rede, steht vor der eigentlichen Begrüßung und verfolgt das Ziel die Aufmerksamkeit des Publikums auf den Vortragenden zu konzentrieren.

Online-Benutzer-Katalog (OPAC: Online Public Access Catalog): Ein in deutschen Bibliotheken verbreitetes computergestütztes Katalog-System, mit dem die erfassten Medienbestände nach verschiedenen Kriterien (Autor, Titelstichwort, Schlagwort, Signatur) durchsucht und Ausleihkonten der Benutzer verwaltet werden.

Overheadprojektor: Präsentationsmedium, auch Tageslichtprojektor genannt. Über eine starke Lichtquelle projiziert das Gerät Folien an eine Wand.

Offene Fragen: Fragen dieser Art können nicht einfach mit „Ja" oder „Nein" beantwortet werden. Sie fordern längere und informativere Antworten ein, bringen aber dafür entscheidende Impulse für die erkenntnisleitende Fragestellung.

Pareto-Prinzip: Instrument des Zeitmanagements, das unter der These „20% der investierten Zeit erbringen 80% des angestrebten Erfolges" die anstehenden Aufgaben hierarchisiert und so hilft, Unwesentliches und Überflüssiges wegzulassen.

Personalkompetenz: Bereitschaft und Fähigkeit, als individuelle Persönlichkeit die Entwicklungschancen, Anforderungen und Einschränkungen in Familie, Schule/Studium/Beruf und öffentlichem Leben zu bewältigen. Dazu gehören Erkennen und Beeinflussen der eigenen Charakteristika bezogen auf Arbeitshaltung, Kreativität, Selbstständigkeit, problemlösendes Denken, inhaltlich und zeitlich strukturiertes Arbeiten, Belastbarkeit, Leistungsbereitschaft, Erspüren und Formulieren von Befindlichkeit.

Präsentationsmedien: Oberbegriff für alle technischen Instrumente oder Geräte, die insbesondere zur visuellen oder auditiven Unterstützung einer Präsentation eingesetzt werden, beispielsweise Beamer, Videorecorder, Overheadprojektor etc.

Präsentationsmittel: Oberbegriff für alle Ausrüstungsgegenstände, mit denen die ausgewählten Präsentationsmedien erst zum Sprechen gebracht werden, beispielsweise Stifte, Papier oder Klebepunkte.

Quellen: Vorlagen, auf die sich der Autor beim Verfassen der Arbeit stützt. Sie verdeutlichen Sachverhalte, aber auch vergangene Ereignisse. Alle Quellen müssen vom Autor offen gelegt werden.

Road-Map: Die verschiedenen Dimensionen einer Aufgabe werden mit dem Ablauf der zur Verfügung stehenden Zeit in Beziehung gesetzt, nachdem Prioritäten gesetzt worden sind bezüglich der Wichtigkeit und des zu erwartenden Zeitaufwands der Teilaufgaben.

Server: Rechner oder Programm, der bzw. das Daten und Dienste für den Kunden bereitstellt.

Sozialkompetenz: Bereitschaft und Fähigkeit, soziale Beziehungen zu leben und zu gestalten. In Bezug auf die Arbeit im Seminarkurs zählt hierzu die Kenntnis gruppendynamischer Prozesse, ein partnerschaftliches Vorgehen beim gemeinsamen Arbeiten, Empathie, Konflikterkennung und Entwicklung von Lösungsstrategien, positive Gesprächsführungstechniken und die Übernahme von verantwortlichen Rollen innerhalb der Gruppe.

Stichwort: Im Allgemeinen ein charakteristisches Wort des Sachtitels oder Untertitels eines Buches bei der Literaturrecherche.

Suchmaschine: Programm zur Recherche von Dokumenten, die in einem Computer oder einem Computernetzwerk gespeichert sind. Eine Metasuchmaschine leitet die Suchanfrage an mehrere andere Suchmaschinen weiter, sammelt die Ergebnisse und bereitet diese nach bestimmten Kriterien auf.

Suchmaske: Formular zur Eingabe eines Suchbegriffs bei einer Suchmaschine.

Systematischer Katalog: ➤ *Katalog.* Ermöglicht die Literatursuche nach sachlich-logischer Anordnung. Notwendig für diese Art der Recherche ist eine Kenntnis der zugrundeliegenden Systematik. Als Hilfsmittel für die Benutzung des systematischen Katalogs gibt es in den Bibliotheken Übersichten über dessen Aufbau.

These: Eine themenbezogene Behauptung. Sie steht am Anfang einer Arbeit und muss an deren Ende bewiesen oder widerlegt sein. Für den Verlauf einer Arbeit ist sie der sprichwörtliche rote Faden.

Uniform-Resource-Locator (URL): Standardisierte Adresse eines Objekts im Internet.

Visualisierung: Eine Visualisierung unterstützt in einer Präsentation das gesprochene Wort. Dabei wird ein Sachverhalt in einer anderen Form als in einem Fließtext dargestellt, d.h. die kompakte Textform wird aufgelöst.

White-Board: Präsentationsmedium. Tafel, die meistens aus Metall und deshalb für den Einsatz von Magneten geeignet ist. Sie werden mit besonderen trocken abwischbaren Stiften beschrieben.

Wissenschaftliches Arbeiten: Arbeitsweise, bei der ein Thema im Hinblick auf eine bestimmte Fragestellung nachvollziehbar behandelt wird. Dabei sind die Quellen offen zu legen und die Erkenntnisse für jeden überprüfbar darzustellen. Zum wissenschaftlichen Arbeiten gehört auch die formale Präsentation der Inhalte.

World-Wide-Web: Interaktives Informationssystem, das den weltweiten Austausch digitaler Dokumente ermöglicht.

Zeitmanagement: Optimale Nutzung der zur Verfügung stehenden Zeit mittels unterschiedlicher Zeit- und Arbeitsplantechniken. Ziel ist es, mit möglichst geringem Zeitaufwand ein optimales Ergebnis zu erreichen.

Zitat: Ein aus Quellen wörtlich übernommener Sachverhalt, der als solcher kenntlich gemacht werden muss.

Weiterführende Literatur

Methodentraining allgemein

Klippert, Heinz: Eigenverantwortliches Arbeiten und Lernen. Bausteine für den Fachunterricht, Weinheim [3]2002

Klippert, Heinz: Methoden-Training. Übungsbausteine für den Unterricht, 13., unveränderte Auflage, Weinheim 2002

Kolossa, Bernd: Methodentrainer. Arbeitsbuch für die Sekundarstufe II: Geisteswissenschaften, Berlin 2000

Landeszentrale für politische Bildung Baden-Württemberg (Hg.): Der Seminarkurs. Ein Weg zur Methodenkompetenz, Villingen-Schwenningen 2002

Wille, Hartmut: Seminarkurs. Grundkenntnisse zu wissenschaftlichen Arbeitsweisen für besondere Lernleistungen und Facharbeiten im Gymnasium, Donauwörth [2]2001

Motivation

Messner, Reinhold: Berge versetzen. Das Credo eines Grenzgängers, München 1993

Warwitz, Siegbert A.: Sinnsuche im Wagnis, Hohengehren 2001

Lernstrategien

Kroll, Sibylle: Richtig lernen. Tipps und Lernstrategien für die Oberstufe, Freising 1999

Kroll, Sibylle: Richtig lernen. Tipps und Lernstrategien für die Klassenstufe 5 bis 7, Freising 1998

Vester, Frederic: Denken, Lernen, Vergessen, 27., überarbeitete Auflage, München 2000

Recherche

Grund, Uwe/Hainen, Armin: Wie benutze ich eine Bibliothek? Basiswissen – Strategien – Hilfsmittel, 2., überarbeitete Auflage, München 1996

Hacker, Rupert: Bibliothekarisches Grundwissen. Recherche und Kommunikation, 7., neu bearb. Auflage, München 2000

Rhetorik

Braun, Roman: Die Macht der Rhetorik. Besser reden – mehr erreichen, München 2003

Gora, Stephan: Grundkurs Rhetorik. Eine Hinführung zum freien Sprechen, Stuttgart 1992

Kmoth, Nadine: Körperrhetorik, Landsberg 2003

Pöhm, Matthias: Vergessen Sie alles über Rhetorik. Mitreißend reden, Landsberg [2]2002

Schilling, Gerd: Angewandte Rhetorik und Präsentationstechnik, Berlin 2004

Schulz von Thun, Friedemann: Miteinander Reden, 3 Bde., Reinbek 1981

Studer, Jürg: Rhetorik. Redner-Training kurz gefasst, aktualisierte und gekürzte Neuausgabe, Niedernhausen/Ts. 1998

Präsentation

Friedrich, Wolfgang: Die Kunst zu präsentieren. Die duale Präsentation, Berlin ²2003

Hartmann, Martin/Röpnack, Rainer/Jacobs-Strack, Doris: LehrerInnen präsentieren. Zielgerichtet informieren und erfolgreich überzeugen, Weinheim 1999

James, Tad/Shepard David: Die Magie gekonnter Präsentation, Paderborn 2002

Kushner, Malcolm: Erfolgreich Präsentieren für Dummies, Bonn 2000

Schnelle-Cölln, Telse/Schnelle, Eberhard: Visualisieren in der Moderation. Eine praktische Anleitung für Gruppenarbeit und Präsentation, Hamburg 1998

Seifert, Josef W.: Visualisieren – Präsentieren – Moderieren, 20. Auflage, Offenbach 2003

Schriftliche Arbeit

Birkenbihl, Vera: Stroh im Kopf? Vom Gehirn-Besitzer zum Gehirn-Benutzer, 41. Auflage, Landsberg 2003

Müller, Wolfgang (Hrsg.): Duden. Band 8: Sinn- und sachverwandte Wörter, 3., völlig neu erarbeitete Auflage, Mannheim 2004

Niederhauser, Jürg: Duden. Die schriftliche Arbeit, 3., völlig neu erarbeitete Auflage, Mannheim 2000

Schardt, Friedel und Bettina: Referate und Facharbeiten. Effektive Arbeitstechniken für die Oberstufe, Freising 1999

Standop, Ewald/ Meyer, Matthias L.G.: Die Form der wissenschaftlichen Arbeit. Ein unverzichtbarer Leitfaden für Studium und Beruf, 16., korrigierte und ergänzte Auflage, Wiebelsheim 2002

Textor, A.M.: Sag es treffender, vollständig überarbeitet und erweitert von Renate Morell, Reinbek ⁷2004